第一手民俗——

新界的傳統與掌故

周樹佳 著

序

在上世紀七十年代以前，有興趣研究香港民俗的人鳳毛麟角，就算有，也以外國人士居多，華人大都顯得漠不關心，中文著作稀少，不似現在書店內的香港專櫃都放滿了相關書籍。

昔日的辭書並無「民俗」專條，中華書局 1947 年版的《辭海》中只言「民俗學」。在當時而言，那是一門新興學科，指研究民間流傳的信仰、習俗、故事、歌謠、諺語等等社會文化。

上海辭書出版社於 1992 年版的《辭海》所言較多，指「民俗學」是一門研究各民族所創造、享用和傳承的生活和文化的學科，始於 1846 英國考古學家 William John Thomas 威廉湯馬士（1803-1885）；內言 1922 年北大《歌謠週刊》的問世，一般被認為是中國民俗學之發端。其涉及的領域廣泛，但不外乎語言、行為、心意傳承三方面，這包括過去的各種勞動的組織、操作的表現形式和技術特點，以及宗教信仰、年節風俗、人生禮儀、民間賽會、民間文學和藝術活動等等，若用今日語，即近似於「非物質文化遺產」的定義。

本書所記的「民俗」，大抵不離兩本辭書中所言的民俗學範疇，但較「非物質文化遺產」的內容稍闊，例如會觸及祠堂和墓穴等「物質文化遺產」，而書以「第一手」為名，乃因文章都是

筆者長年考察新界（包括離島）的親歷見聞。筆者向視臨場為搜集民俗的金科玉律，深信若非親身看過、嗅過、嚐過、聽過，甚至觸摸過，捱過日賞過月，那寫下來的「民俗」實難有心得體會，落筆也難免會有點心虛手震，故此書中向讀者交出的，都是第一手以「年」作單位，用「等」換回來的材料。

昔日本土民俗的乏人問津，不在於資料或個案的匱缺，而在於社會風氣的崇洋，人民觀念的落伍，以及香港人自我身份認同的低落所致，這要到上世紀八十年代才出現轉變。那時香港的經濟起飛，港人自我價值提升，人們開始留意多了身邊的事物，終發覺這個一千一百多平方公里的小區，竟會是中國南方漢俗文化高度集中的樓留地，以致延存了不少古風遺俗。

踏入二十一世紀，隨着香港人的民俗認知增多，大家對本土風俗和事物亦愈加注意，不少學校都鼓勵學生留意社區內的民俗面貌，考察了解有之，參與感受有之，好從學習中培養一份熱愛故有的高貴情懷。

筆者自踏入社會工作，適逢香港民俗研究潮之方興，早已萌生興趣，自三十五歲起，即隻身縱走港九新界發掘素材，二十多年來未嘗休歇，其間每每驚訝於香港風俗的豐盛與多變，而新界就正是擁有如此一座豐富「民俗礦」的寶地。

本書是筆者 2015 年後部份報刊新界版專欄和一些約稿的合集，主篇章講的都是圍頭人（本地人）和客家人的傳統，另有少

量文章則涉及離島水上人（蜑家和鶴佬）的信俗文化。然而，除了原來的主題不變，有感報章專欄因字數所限，多未能暢所欲言，所以我特意花了兩個多月的時間，逐篇訂正和大手添補內容，以增加本書的庋藏價值。只是筆者的田野考察，素來都愛揀石仔式的單打獨鬥，礙於人力有時而盡，掛一漏萬、思慮不周在所難免，若真箇如此，還望各方前輩好友多所包涵體諒！

周樹佳

癸卯年初春吉日

序

目錄

三、雜篇

圍頭篇

補天穿送災星扒天機

　　說本地節慶時序，香港一年有三大沸點——春節、鬼節和聖誕節，惟三者之中，只春節在新界鄉村一枝獨秀。

　　一般香港人過年，只知初一至初三，公眾假期是也，但圍村的傳統要過了正月二十，才算過完新年，期間的十五慶元宵，十六完燈送神，十九扒天機，二十賀土地，那才真正是春節的高潮！

　　扒天機即是扒天機船，是新界圍村過天機節的特色活動，成書於 1688 年靳文謨編的康熙版《新安縣志》便有記載。昔日鄉民為求趨吉避禍，會自紮一隻可以抬起或捧着的小草船（或用紙紮），稱天機船，組成隊伍，在節日敲鑼打鼓，搖旗高喊，逐家拍門去收集穢物火化，象徵送走災星瘟神惡鬼，俗稱送耗。在出發前，村民會先到神前稟告，問杯徵出吉利出行方向才起行。那些所謂穢物，其實都是一些代替品，例如用灶底的炭粒代表火災、豆類代表天花、野草代表疾病和雞毛（按：代表何事不詳，有指為瘟疫）等等，惟今人有以空藥盒來代替疾病。

　　踏入 21 世紀，目前正月十九仍有賀天機節的新界鄉村，就只有水頭、水尾、田心（厦村鄉）、大圍（沙田鄉）、白銀鄉、鍾屋村（屯門鄉）、鍾屋村（林村鄉）、塘福、蠔涌和沙角尾等處，

▲ 泮涌村扒天機。隨行隊伍中，除了有托或抬船的村民，還會有一班小孩隨行，他們搖著小彩旗壯聲勢，扒船後都有利是作獎勵（昔日是糖果和雜糍）。另外，有村民會走在前頭鳴鑼開路，通知大家迎天機船，拋走污穢物。

　　其中只前五處仍有扒天機船的風俗，但部份村落的參與者寥寥。

　　此外，正月十五的松柏塱和正月十七的泮涌都有扒天機，但日子為何不同，則已無可稽考。粉嶺圍、丙岡（按：是「岡」不是「崗」）和金錢村有類似的扒船風俗，卻無扒天機之稱。粉嶺圍是正月十五，丙岡是正月十六，金錢村則是正月十九（與天機節同日）；而後兩者的扒船都併合在一個祈福儀式——太平洪朝之中舉行。

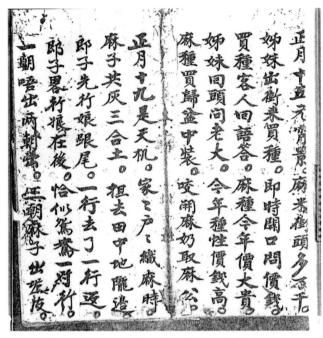

正月十三，元宵剛景，麻米權頭多海干。
姊妹出街來買種。即時開口問價錢。
買種客人回語答。麻種令年價大貴。
姊妹回頭問老大。今年種性價錢高。
麻種買歸盆中裝。咬潮麻奶取麻公。

正月十九是天机。家之戶之織麻時。
麻子共灰三合土。担去田中地隴邊。
即子先行娘跟尾。一行去了一行巡。
郎子畧祈娘在後。恰似篤蕎一阡衍。
一朝哈出两朝壞。正朝麻子出張波。

▲ 圍頭喃嘸在「太平洪朝」法會中用的唱麻歌經本，書中也提
   到正月十九扒天機，可見此俗在昔日新界圍村是十分普及、
   人所共知的事。

　　天機節是元宵後的第一個漢族節日，古稱補天穿，曾盛行於
大江南北，新界圍村亦然，但奇怪地新界的客家村並無這個傳
統。天穿一名，東晉已有，王嘉的《拾遺記》云：「江東俗稱正
月二十日為天穿日，以紅縷繫煎餅置屋上，曰補天穿。」事涉古
時天空出了個大穹窿的洪荒神話。天穿洞，今人自然知道會惹皮
膚癌，但古人卻只道會下傾盆大雨，釀成洪水，到時便無法耕種，
於是便在這天拜祭煉石補青天的女媧，並以煎餅放到屋頂，象徵
封堵天穿，好祈求上天眷顧。

　　然而《拾遺記》指天穿日是正月二十，為何新界卻在十九日做節？那卻是個謎，但葉春聲的《廣州歲時節令通考》一文或有啟示，他發現廿四氣節的「雨水」日，經常會是正月十九至二十三的其中一日，也是這段日子大多有雨，農民便藉機求禱雨順風調，最終便發展成一個節日。如此一來，新界鄉俗以十九為正日，可能只是古人約定俗成下的產物，因不論十九或二十，都包含了節日的原意！

　　古人在宋以前只言補天穿，並無「天機」一詞，但靳文謨修的《新安縣志》卻出現了：「十九日，為天機，二十日名籟敗。」之語，而遲一年在 1689 年由郭文炳修的《東莞縣志》，更二合為一，成了「天機籟敗」。「籟」是指天上的孔，「敗」有失敗、破爛之意，兩字合併就是天空穿了，可見「天機」跟補天穿關係密切，但兩者何以勾連一起？

　　這方面，《黃大仙區風物志》記前衙前圍吳渭池村長言，指天機實為「天忌」的音轉。查「天機」原是星名，跟補天穿無關，反而「天忌」則可解釋為天的忌日，這可合乎民間認知——天穿大洞降大雨，人們快要沒飯開了，還不是個大忌日？也是為此，人間才要做條船去送耗；而更重要的，圍頭話的「忌」讀如「機」音，「天忌」也許是出自東莞古時的鄉間用語。要知，民俗流衍，詮釋各異，事物出現名稱變易，並不為奇，像今天有鄉村把天機船寫作天姬船，其理如一！

圍村人今過天機節，除了扒天機，還有如古人般，會以番薯粉、粘米粉、糯米粉合煎製成一底底的「薄鐺」（或有添南乳醬），圍頭話叫「雜糍」的薄餅來拜神，筆者就在西貢和大嶼山見過。另外，也有鄉民把年糕留待到天機日，才切開一片片的奉神，其意亦同。

這些古風俗，流傳千載，香港如今居然仍可看到，難能可貴，鄉民做的儀式雖然簡單，卻不知不覺間成了身體力行的民俗代言人！然而新界俗例，扒天機船只給村內的原居民參與，外來者或租客是沒有份的，加上白天村民大都外出上班，長者又可能住進了安老院，村內人手不足，種下了扒天機船的脆弱本質，在鄉村城市化的大環境下，在不久的將來，古風徐徐消逝，當非危言！像泮涌在 2014 年便因當年承甲的村民拒絕，突然停辦扒天機船，事後若非得村長和父老的堅持，於翌年恢復，這傳統恐怕又將成為大埔人的回憶了，一番拜年的心情到賀，卻隨時成了餞別的行歌，實在叫人無奈！

天機送耗，真希望天機船送走的，還包括了筆者的忐忑心情，若真箇如此，讀者們會認為用甚麼代替品放入紙船好呢？

後記

經歷了三年疫情，泮涌在 2023 年的農曆新年繼續停辦扒天機，能否恢復還是未知之數！

▲ 泮涌村民火化天機船。
化船的地方約定俗成，
只在一處村民有共識，
認為是不潔的角落舉
行，全港如是。

▲ 西貢墟街市每逢正月十九都有小販售賣「雜糍」，供鄉民拜神。

全新界宗族春祭遺聞

農曆二月的圍村風俗，以春祭最具特色，亦最具睇頭，但莫以為春分日行春祭禮是必然之事，正所謂十里不同風，百里不同俗，新界圍村又何嘗不是？

春秋二祭在新界人有兩種演繹，一是指祠祭，即拜祠堂祖先；另一種指拜山，本文所述者乃祠祭。

好多人常想當然，認為古老大族一定有春祭，並且一定在春分日舉行（按：二十四節氣之一，在農曆二月某日，這一天的日夜均分，之後就會日漸長夜漸短），但事實並非如此，新界有不少圍村祠堂已停春祭多時，其餘仍有祭祀的，也不一定挑在正日。

先說在春分日行祭的地方，圍頭村計有屏山鄧氏（鄧氏宗祠、愈喬二公祠、仁敦崗家塾、聖軒公家塾等四間分先後次序拜神）、廈村鄧氏（鄧氏宗祠友恭堂）、屯門陶氏（陶氏宗祠）、上村黎氏（黎氏宗祠）、山下張氏（張氏宗祠）、錦田鄧氏（清樂鄧公祠和鎮銳鋗鄧公祠同時舉行；廣瑜鄧公祠只有簡單儀式）和上水廖明德堂等。

在非春分日做的，有二月初一的龍躍頭鄧氏（松嶺鄧公祠），二月初二的粉嶺彭氏（彭氏宗祠）、上水廖氏（廖萬石堂）和錦田鄧氏的龍游尹泉菴鄧公祠，初三的上水廖氏的應龍廖公家塾

▲ 廖萬石堂的春祭擺設，其規
模場面堪稱新界之最。

▲ 屯門陶氏春祭後，主祭者（一般會是族長）會飲一杯
祭祀用的酒，稱「福酒」，意受祖先祝福。

（顯承堂）和松柏塱簡氏宗祠，初四的松柏塱廖氏宗祠，及初五的粉嶺彭氏思德書室等。

以上一共有二十處地方，當中包括了鄧、彭、廖、陶等新界大族，但上水的侯氏雖然歷史悠久，在河上鄉、金錢和丙岡各有家祠，但卻無祠祭多時。地方傳聞，昔年河上鄉、燕岡和金錢村內同屬侯卓峰祖的後人，本興建了一座三進三間的卓峰侯公祠在燕岡村畔，以便春秋二祭，只是因遭對頭破了風水，以致還未開光便給棄置（今仍有殘件散佈在遺址附近），侯氏因而錯失了建立傳統的千秋契機，故一直無合族春秋祭祠之舉。

至於另一個新界大族——文氏，他們在新田的一支，雖然人口眾多，擁有三圍六村，但族內的一眾祠堂書室，只有位於蕃田村的文氏宗祠尚有辦秋祭禮，但奇怪的是他們卻無春祭傳統，而其秋祭也非選在秋分日，而是在農曆九月初七，至於究竟何因？如今已是無人得悉了！

而在大埔泰亨的一支文氏，因為當地的文氏宗祠倒塌了大半世紀，祭務長時間停頓，及後雖在 2005 年重建，奈何村民祭祠意識已薄，至今仍未見有恢復之兆。

相同情況於大埔頭鄧氏亦然，此族源出錦田，元代立業大埔，絕對是古老大族，但村內最宏偉的家祠「敬羅家塾」，亦早已停辦春秋祭禮。

以上種種都是一些圍頭村的情況，至於客家村仍有春祭祠堂

▲ 粉嶺彭氏在思德書室春祭後，村民會出外，到書室背後的社壇拜祭，以答謝其保護家
　 祠。傳說遠方有一虎地，煞氣傷及書室，村民於是建社壇以遮擋。

▲ 上水圍廖氏明德堂祭祠。該祠在開始祭祀前，鄉民亦會如廖萬石堂春祭般，先在內堂一石柱墊燒衣上香，稱拜簡公，詳情可參閱拙作《香港民間風土記憶（二）》，天地圖書出版。

第一手民俗——新界的傳統與掌故

者,遺憾地筆者蹓躂新界二十年有餘,至今尚未有緣發現,相信傳統已失!

後記

在秋祭方面,屏山鄧氏、錦田鄧氏、廈村鄧氏、屯門陶氏、山下張氏和上村黎氏都在秋分日祭祠,只錦田龍游尹鄧公祠是在農曆八月初二做祭,較其他的祠堂為早。另外,上水廖氏、粉嶺彭氏、龍躍頭鄧氏並無秋分祭祠的傳統,而村民說的「春秋二祭」,指的是春祭在祠堂,秋祭是到墓地拜山,此點不可不察!

▲ 龍躍頭春祭因在法定古蹟松嶺鄧公祠舉行,所以要暫時關閉祠堂,以免遊人打擾。

新界天后信仰的誤區

　　若如今仍有人說拜天后是水上人的獨有習俗，我實在無言以對！只嘆這實在是一種根深柢固的知識障！一若仍會有人說香港是由一個漁港發展成一個國際都會的執迷！

　　不錯，天后是女海神，靠海為生的漁民信奉她，是自然不過的事，但若有點田野臨場經驗的人都清楚，香港人拜天后，水陸齊飛，在陸上耕田的人也同樣崇信天后，所以不少圍村都建有天后廟，在農曆三月廿三賀天后誕，更是他們每年的盛事。

　　不信？且看以下三條圍村天后信仰的簡單統計：

　　新界圍村打醮，廈村鄉、屯門忠義堂、上水圍、丙岡、大埔頭、林村鄉（當中四條村是圍頭村）、沙江圍、泰亨鄉，北港和龍躍頭等處都是以天后為監醮主神，而這些村落都建有天后廟。

　　新界圍村的天后廟不少是建於康熙年間或更早，如今有實物可考者，計有新田東山古廟、屯門后角（屯門陶氏先建）、元朗舊墟（五和東頭村旁，錦田泰康圍祖先所建）、龍躍頭、流浮山沙江和大埔舊墟等處。

　　香港最盛大的天后誕廟會是在元朗十八鄉，雖說十八鄉大樹下天后廟的起源，跟蜑家人有關，但賀誕的花炮會有南邊圍、西邊圍、東頭村、蔡屋村、英隆圍、大圍、黃屋村、田寮、白沙、

▲ 十八鄉各花炮會送還的巨型花炮山

木橋頭、馬田、山貝、深涌、上攸田、下攸田、港頭（圍頭和客家人都有）、大橋、大棠和塘頭埔等圍頭村，他們的祖先大都是種地的農民（部份營商或經營魚塘）。除此之外，屏山鄉、屯門鄉、厦村鄉和大埔鄉等地的天后誕，每年都有大規模的廟會或上演神功戲，其信眾大部份也是農民。

由以上資料可見，圍村人祀奉天后的歷史久遠，其熱情絕不輸蝕於水上人，像十八鄉的會景巡遊，其場面規模之壯觀震撼，更勝於農曆四月初八的筲箕灣譚公誕和長洲太平清醮，身為香港人，一生人也真要親臨一次，體驗一番。

不過，外人參觀十八鄉賀誕，多只集中於正日的活動，卻不知在早一個晚上——天后誕前夕，當地已有不少花炮會提前送炮還廟，加上鄉委會有子時賀壽儀式，鄉民一年一度的大日子，其實早在農曆三月廿二夜幕低垂後展開。

據鄉中父老言，在上世紀九十年代前，十八鄉的花炮會都是在正誕日早上，才抬花炮山回廟，但後來不少花炮會——特別是一些不參加出會或出會期間不打算推花炮山的堂口，都改在神誕前夕晚飯後，先行還炮，並順道上頭炷香，誰知日後竟逐漸演變成午夜還炮的風俗。

那夜的天后廟真仿若少林寺，一場自由奔放的龍獅大會，就在午夜前的廣場上演。當各路還花炮會的人馬還未現身，廣場泛光燈剛亮起之際，那獅鼓聲、龍鑼聲已隱約從四方響起，如此由

▲ 還花炮的獅隊從四方八面而來，相中的花炮會是雙獅列陣。

▲ 護送花炮會的獅子和麒麟相會，對拜行禮，稱會獅。

遠而近，逐漸震天來襲，到時一批批的彪型大漢從八方掩至，直把那只若九人足球場大小的廟前廣場填得滿滿，誇張一點的話，真可說是擠得連個影子也插不下來。

廣場上，不同堂口的大哥小弟動作飛快，或會獅，或上香，或還炮，或排獅，總之你來我往，花炮會各自如潮水般的一湧而來，未幾又如潮水般的一瀉而去，間或有點混亂，但細看卻又頗覺井然，縱然大家都忙得團團轉，彼此又像充滿默契，甚麼是江湖規矩，甚麼是心照不宣，此刻可謂一目了然！

▲ 十八鄉天后誕會景巡遊的金龍舞，六十人一組，一般三組人同行，輪流替換，所以陣容鼎盛，獨步全港。

鄉紳和村長的子時參拜是整晚的高潮，之後龍獅隊便逐漸散去，如此到了白天，另一批參與出會的生力軍將接力昨夜的餘威，在一個更大的空間——教育路，一隊接一隊的各逞其能。然而，當你經歷晚上的還炮派對，再跟日間的大巡遊相比，我會告訴大家，縱使給鼓鈸聲震得耳眩目暈，給煙火嗆得淚水直流，甚至要冒着給香枝燒傷的風險，第一手鄉俗的探索，我還是喜歡夜裏那無鐵馬無膠帶的無拘無束！

　　不是有人説過食魚要有魚味，食雞要有雞味？其實民俗活動也有其原始風味。對！那就是一種自由奔放的「野」味。

第一手民俗——新界的傳統與掌故

庇佑順產的金花娘娘

　　農曆四月十七金花誕，小島坪洲的金花廟人氣鼎沸，舞龍舞獅，好不熱鬧，但偏偏同樣祀有金花娘娘的圍村眾廟，卻是沒聲沒息，金花娘娘繼續坐其冷板櫈，看來現今，圍頭人早已忘卻這位生育女神的恩典了！

　　金花娘娘是生育女神，地道的廣府神靈，往日圍頭人拜祂，有求子和產順之意。圍頭人拜金花有久遠的歷史，也不用問多

▲ 坪洲金花誕人氣旺盛，誕日還會辦法會。（2007 年）

▲ 龍躍頭天后宮金花娘娘

少個家庭安有其神位，只要算一算那些村頭村尾上二三百年的古廟，有多少間奉祀了這位求子女神的，就可知其昔日隆祀之盛——中部的泰亨鄉天后廟、南部的大澳新村天后古廟、北部的龍躍頭天后宮和河上鄉洪聖古廟；而圍頭村最集中的新界西部，更有元朗舊墟玄關二帝廟、五和東頭村天后古廟、十八鄉大樹下天后廟、屯門屯子圍三聖宮、屯門后角天后古廟、屏山坑頭村楊侯古廟和廈村東頭村楊侯古廟等等……

▲ 屯門屯子圍三聖宮的金花娘娘，她旁邊的是送生司馬。

▲ 泰亨鄉天后古廟的金花神龕

也許有讀者會問，何以從前如此多廟供奉祂？這除了金花娘娘有其號召力，也是因為一般廟宇的神靈佈局，多會考慮在左右偏廳兼奉主宰財和丁的神靈，以達成丁財兩旺的完美組合，而廣府人多會選土地或財帛星君代表「財」；至於「丁」的，就自然想到土產的金花娘娘。（按：近年有廟宇奉碧霞元君，那是北方的地方女神，非出自五嶺以南的古傳統。）

可惜新一代的圍頭人如今已經不識金花者眾，金花誕處處「靜英英」，筆者四處打探，難得遇上的驚喜，是聽聞幾十年前，大澳某村曾大搞金花娘娘寶誕兼做神功戲，算是曾興旺了好一陣子。

為了此事，探索多年金花信仰無獲的我，當年還以為找到好材料，馬上認真尋證，誰知得出來的，竟是一單江湖笑料！

話說某村一直都是做天后誕神功戲的，但有一年，其負責人突然走數，沒有付尾數給戲班，於是戲班就通告天下，發動全行杯葛，冇人肯再接這條村的天后誕神功戲，但有人卻想出了一條走法律罅的方法，就是改用同一間廟內另一位神靈「金花娘娘」之名，另起爐灶去訂戲，果然戲班奈佢唔何，如此便創了個近代新界史上獨一無二的金花娘娘寶誕暨神功戲出來！

金花娘娘信仰早在清初屈大均寫的《廣東新語》已有記載：「廣州多有金花夫人祠，夫人字金花，少為女巫，不嫁，善能調媚鬼神。其後溺斃湖中，數日不壞，有異香，既有一黃沉女像容

顏絕類夫人者浮出，人以為仙，取祀之。因名其地曰仙湖。祈子往往有驗。婦女有謠：祈子金花，多得白花，三年兩朵，離離成果」。

後來，香山人黃芝在道光年間（1820-1850）完成的《粵小記》有更多細節補充，內言金花娘娘有兩出處，一是因睇龍船墮河浸死後，給人奉作神靈；另一個則是她助巡撫夫人產子，死後就被看成生育女神。黃芝遲過屈大均二百多年才出世，屈大均不知的，他居然查到了，還寫得很詳細，值唔值得信？那就要考下大家的智慧了。

周王二公的八年抗爭

　　目前新界最早有記錄的太平清醮，是 1685 年的錦田鄉醮，這個醮的出現跟清初的遷界惡政深有關聯，其目的有二，一是超度因遷界枉死的鄉民，二是酬謝上書朝庭，力言勸止遷界的周王二公恩德，故醮會的鑒醮主神是圍村多有供奉的周王二公（按：部份圍村只供奉王來任，筆者暫無獨奉周有德的記錄），而醮會的名稱「酬恩建醮」也是因此得來。

▲ 周有德畫像

▲ 王來任畫像

「周王二公」指的是清朝康熙年間的周有德和王來任兩名官員，二人死後同得前新安縣（按：包括香港和深圳）和潮汕沿海一帶人民的敬重，化而為神，很多地方都建廟供奉。

周有德（？-1680）字彝初，漢軍鑲紅旗人，康熙六年（1667）任兩廣總督（按：即廣東和廣西兩省的最高行政長官）。王來任（？-1668）字宏宇，又名毅菴，康熙四年（1665）為廣東巡撫（按：相當於現今的廣東省省長）。

話說在順治末年，清廷為了打擊據台抗清的鄭成功，便無視人民生死，狠下心腸，採立降將福建人黃梧之毒計，自 1661 年起在廣東、福建、浙江、江蘇、山東和河北沿海一帶厲行無人地帶政策，史稱「遷海令」，以杜絕沿海六省百姓對台灣鄭氏的補給，好要他們彈藥糧絕而投降。

在嚴令下，涉及的行省沿海三十至五十華里的鄉村都給武力清場，當中廣東尤慘，界線接連後褪三次，新安縣分成東西兩路遷界，二十四鄉無一幸免，若換作今日的香港而言，則全境都被列入迫遷範圍，富甲一方的錦田鄧氏家族，自然亦身逢此劫！

但就在這段港人苦難的日子，周王二公卻敢於提出異議，屢次上書，力陳治下廣東沿海人民的疾苦，雖然王來任後來因事故在 1668 年自殺身亡，但幸得其直轄上司周有德的接力爭取，終在一年後（1669 年）說服了北京解除禁令，陸上全面復界，八年苦難到此終結。

▲ 錦田周王二公書院建於 1685 年，是年乃台灣投降後第二年，遷海令完全解禁後翌年。
這一年錦田首辦酬恩建醮，自此天干逢乙之年，即為錦田打醮之時。

為此，廣東沿海百姓為表感激，多年後便紛紛建祠紀念二人，單是新界一處，鄧文彭侯廖陶六大家族的廟宇或神廳，便大都奉有王來任或周王二公的神位或神像，其中規模最大者，就是錦田鄉打醮的主場地——水頭村後便母橋旁的周王二公書院。

除打醮之外，錦田鄧族每年農曆五月十九日（新會）和二十一（舊會）亦有賀周王二公誕，會眾在當日同聚集於周王二公書院設祭，儀式莊嚴，體統完備。俗語有云：得人恩果千年記，受人花戴萬年香，周王二公的祭禮充份體現了圍村人飲水思源的美德。

在錦田以外，大埔和北區的圍頭宗族亦組有巡撫會，以紀念周王二公，會址在石湖墟，故附近也有一條巡撫街，其成員計有龍躍頭鄧氏（鄧萃雲堂）、大埔頭鄧氏（鄧眾興堂）、上水圍廖氏（廖萬石堂和廖允升堂）、粉嶺圍彭氏（彭大德堂）、河上鄉侯氏（侯四本堂）和泰亨鄉文氏（文公眾堂）等新界數一數二具代表性的宗族。

以上祖堂因歷史淵源，各自組合，有舊約和新約之分，前者設誕於農曆五月二十一，後者則是農曆六月初一，賀誕後各有晚宴慶祝，古稱文酒會。

昔日無論是新約和舊約，巡撫會成員都是在石湖墟報德祠內祭祀二公，但自上世紀五十年代的一場大火，報德祠被毀，二公神位就移奉到巡撫街附近的周王二院有限公司會所一角，自此祭

▲ 錦田鄧氏鄉民拜祭周王二公

▲ 周王二公書院內二公的神位

▲ 石湖墟周王二公有限公司的二公神位

禮亦改在住宅單位內舉行，但因地方所限，祭品和佈置自然不及
周王二公書院的如意和隆重了。

把港大王的真身與童身

農曆七月，盂蘭勝會是香港最重要的民俗活動，但新界圍村一向沒有這個傳統，反而遠在大嶼山的一條明代隱世圍村——沙螺灣，卻有一個把港大王誕，會做神功戲四日，成為圍村七月的民俗奇葩。

「把港大王」之名雖不見其他地方，卻非沙螺灣獨有神祇，因此神實乃南海之神洪聖大王是也，其易名「把港大王」藏身沙螺灣，相傳典出乾隆年間。

▲ 沙螺灣在神誕前夕準備金銀衣紙夜祭

昔時，沙螺灣本是一個浪大風急的海灘，船隻出入，時遭意外，故村民便認為是風水出了問題，馬上找來風水先生查探，希望解決禍根。為此，那風水先生勘察過四周環境後，便建議村民興建一座鎮守灣口的神廟，更手繪一神像，着村民依圖到省城訂製，說那神是用來把守着沙螺灣的港口，可稱其為「把港大王」。

後來村民依言去到神像店，工匠一看繪圖，即認出是「茅洲洪聖大王」，至此眾人方知神靈的真正身份，但既然風水先生稱祂是「把港大王」，也就不便改名，於是新界就出現了一間獨一無二的把港古廟。

茅洲是東莞長安的一處地名，古名叫黃松崗，亦即今日的深圳松崗。那處有一條茅洲河，乃是康熙初年遷海令邊界所在，其河邊有間洪聖廟，故村民都稱該處的洪聖爺為「茅洲流水大王」，推想那「茅洲洪聖大王」之名，便是據此而來。今日十八鄉和屏山鄉的村民仍有稱洪聖大王為「茅洲流水大王」者，背後就是涉及這一段歷史，元朗舊墟大王古廟供奉了洪聖大王和楊侯大王，內有雍正九年（1731）的銅鐘，上刻有「勅賜感應茅洲流水大王」的神名，便是明證。

洪聖大王是嶺南獨有的海神，論其出處，可遠及隋文帝的年代（581-604），歷史較天后林默的出現早得多，那時楊堅封了北、東、南三個海神，其中南海神廟就設在廣州的黃埔，全名為「南海廣利洪聖大王」。

▲ 全港獨一無二的把港古廟

「洪聖」即大聖人之意，但為何是「廣利」呢？皆因廣州是中國南方的重要商埠，不斷有胡商到來做生意，故南海之神若能保佑海晏河清，讓胡人商船順風順水的到達中國，那國庫和人民便自然財源廣進，一本萬利了。

元朗和大嶼山都是香港最早開發的地區，深受廣府文化的影響，故洪聖信仰極盛，只是自清以後，其信仰日薄，時至今日其南方第一海上保護神的地位，已給來自福建的天后取代。如今讀者若到新界或離島遠足，不難發現，洪聖廢廟所在多有，像分流、貝澳和小鴉洲便都有失祭殘塌的荒廟，而石壁的一間則是遷村移神後遭棄。

沙螺灣近代在七月誕期前夕，都有一場特別的燒衣活動作前奏。事緣在數十年前，有青山灣水上人郭就，自言乃是沙螺灣把港大王的降神童身，每年都會在開戲前夜請洪聖爺下凡上童，一邊唱曲（近似粵曲南音），一邊夜巡海灣全境及村口，無償地為沙螺灣人濟鬼祈福，消災解難，故深得村民信服。筆者就曾臨場目擊郭就上童後，縱身跳上三四呎高神龕（他五短身材，卻一跨步就跳了上去），整個人坐在洪聖大王神像身上唱曲的奇景。惟自他 2014 年去世後，這神異的風俗便休止了，目前只燒衣濟鬼的環節依然舉行。

▲ 把港大王廟內的洪聖爺像，童身郭就就是跳到神像懷中坐下。

▲ 青山灣人稱沙螺灣的把港大王誕為洪聖誕

新會周家拳潮爆圍村

　　農曆秋分之期，新界人向有祭英雄之俗，用以紀念昔日因村鬥而犧牲的鄉民。古時新界拼圍激烈，更時有盜賊出沒打明火，為求自保，很多鄉村便會聘請教頭授拳，故習武之風頗盛，洪劉蔡李莫五大傳統嶺南拳法，多所流行，但在上世紀四十年代中，有新創拳派──周家拳的名宿李牛遷居元朗，將這門武術引入新界，一新圍村武林的面貌。

▲ 李牛（左）與同門林卓垣年輕時的對拆合照

49

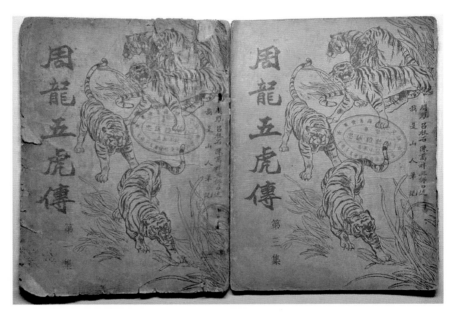

▲ 我是山人陳勁寫的《周龍五虎傳》

新界武術史在過去百年來，主要有兩大系統，其一是流行於東江客家鄉鎮的武術，練者多為客家人；另一系則流行於廣府、東莞等處鄉鎮的武術，如洪佛和莫家拳便廣泛流傳新界圍村。

周家是二十世紀初才出現的拳派，乃是由一位武術天才，來自新會棠下墟沙富鄉人的周龍（1892-1923 年）創出，他糅合洪家和蔡家的優點，互補長短，再混入北少林的武術而成，故此武林又稱周家拳為「洪頭蔡尾」（「洪拳打定，蔡家打揭」）。

李牛（1912-1984 年）是周龍的徒弟，民間有一部我是山人陳勁寫的小說《周龍五虎傳》，講的就是周家拳的掌故稗史，書中亦有提及李牛這位第一代的傑出弟子。他別字統文，號伯祥，廣東南海官窰鄉人。李牛自幼失怙，由姑母養大成人，當周龍在廣州十三行創立仁義堂周館的時候，他便拜師學藝，而當年他還只是個小童。雖然，他陪伴師父的日子很短，但因聰慧靈巧，在周龍死後，師叔周彪接力傳其武藝，他耍的一套「周家八卦棍」，後來大大有名，只廿二歲就獨當一面，成為師傅，被周館外派去江門分館任教。

七七盧溝事變後，李牛舉家南遷香港，惟數年後香港亦不幸淪陷，他惟有避世大澳，之後又遷到長洲居住，直到和平後，他才在 1947 年落腳元朗，創辦了「李牛國術體育會」授徒和行醫。往後多年，因他的名氣大，元朗六鄉的圍村陸續邀他入村教拳，當中著名者就有山貝村的林仁興堂、厦村鄉的新圍和蓮花地的郭

旋碧堂。

　　李牛在圍村教拳，除了拳法兵器，也將別樹一格的周家獅藝引入新界，其特色是選用有「獅王」之稱鶴山人馮庚長創的鶴山裝獅，其與一直雄據嶺南武壇的佛山裝獅，分庭抗禮，如今在一些十八鄉天后誕的舊刊物中，仍可看到李師傅帶領獅隊出會的雄姿。也由於聲名顯赫，1976 年香港首辦環球小姐選舉（林良蕙當選香港小姐那年），李牛及他的獅隊更獲邀到利舞台演出，從中可知其獅藝精湛和名聲之隆。

　　請李牛任教的圍村都有開館儀式，並在村的神廳或村公所安奉周龍的神位，神龕兩旁或有對聯：「用力力中能借力，臨機機

▲ 李牛的獅隊在十八鄉天后誕巡遊表演

▲ 李牛（左三）與蓮花地眾弟子在周龍神位前合照

內要關機」，乃是當年廣州周館門口所用，為綠林出身的福軍司令李福林所贈，如今十三行仁義堂雖已不存，但這招牌聯仍常見於新界圍村之中，這實拜李牛的發揚。

李牛在 1984 年去世，因兒子已移居加拿大，其墓葬亦設於彼方。

末裏一提，和平後的香港來了很多武林名宿，另有一位也是以「牛」為名的，那就是雄勝蔡李佛的何牛師傅，他落腳在沙頭角區的圍頭村軍地，時稱二人為新界「兩條牛」，都是桃李滿門的大師傅，為香港的武林貢獻良多。

古怪墓穴名稱解密

　　新界的墓地不少依循古風，無論是圍村人抑或客家人，都喜歡安個風水名堂，以顯特色，其名稱五花八門，洋洋大觀，像【瓦簡流珠】、【肉筋夾饅頭】、【蜈蚣吐珠】、【犀牛望月】等等。惟以上的喝象，相信好多人都聽過，但稱墓地為「有碑記」、「九代不扶犁」或「黑石白」，相信就並非人人曉得了，今次就讓筆者為大家上一課新界圍村的「墓穴名稱學」。

　　本地圍村人由於祖先眾多，閒閒地有二十至三十代人，若要清楚記得那麼多祖先名字及其墓地，殊非易事，也易生混亂，所

▲ 重陽拜山是圍村每年的合族大事。圖中是欖口村張氏拜太公山。

以他們拜山，或會採用一些約定俗成的代名，以取其方便易記，一講就明，其主要有三大習慣。

其一是以堪輿學中的呼形喝象相稱，例如【象地】（山貝林氏）、【燕子泊樑】（萊洞鄧氏）、【漁翁撒網】（龍躍頭鄧氏）、【白馬回頭望】（泰亨文氏）或【餓虎掌肉】（新田文氏）就是。

其次是因墓地並沒有風水喝名，轉用土名相稱，如「出水石」（位於雞拍嶺）、「海棠林」（位於大欖涌）、「正坑尾」（位於大棠谷）、「花瓶石」（位於大嶼山）、「紅岈」（位於大棠）、「響石」（位於大霧山）等。這種用地名為記的方法，有一變奏，就是以有指向性的地標為名，例如「紅墳前」（位於屏山）、「屋背後」（位於塘頭莆）或「眼鏡地」（位於軍地）等。

最後是以墓主的名字或生前匿稱命名，如南溪祖（錦田鄧氏）、懷隱祖（粉嶺彭氏）、「三房伯」（厦村鄧氏）、「蓮彩婆」（屏山鄧氏）或「陳公墓」（田心陳氏）等。

除了以上三大類，有少數的墓地會被鄉民以其掌故或建築特色相稱，如上水廖氏的「招魂墓」（丈夫建衣冠塚為妻子招魂）、屏山鄧氏的「華表柱」（此穴地在【玉女拜堂】後，因附近有一條華表柱〔又稱名望柱〕而得名）和同福堂的「白骨」（抗英義塚）。

欲了解新界人的墓穴文化，除了可着眼於風水布局，若轉為追尋其名稱來歷，也是一件有趣的事，因為分分鐘能找到不少鄉

▲ 屯門鍾屋村開基祖黎氏太婆的墓地（圖右），原稱「乞食伯」，今卻稱「黑石白」。

間軼聞，像屏山鄧氏的一穴「有碑記」，背後就涉及一宗明朝時內地細婆千里尋夫，偷盜墓碑的荒唐鬧劇。

又如「九代不扶犂」這穴地，初聽其名不知所云，後經河上鄉侯氏族人指點，方知葬此地者，風水先生斷言其後人九代都不用耕田（「扶犂」之謂也），是個專出讀書人的風水地。而筆者事後發現，除了侯氏，原來上水廖氏也有一個「九代不扶犂」，又稱【仙人大座】的墓地就在侯氏墓山背後，真何其巧合！

至於「黑石白」就更是出自一個感人故事。「黑石白」其實是圍頭話「乞食伯」的音轉，乃屯門鍾屋村開基祖的墓地，但此

第一手民俗——新界的傳統與掌故

「伯」不同彼「伯」，因鄉下人叫年紀大的女士也叫「阿伯」，像大井盛屋村就稱他們的開村太婆做「牛欄伯」，而鍾屋村的開基祖亦正是一名婦人。原來她是一名寡婦黎氏，她在明末時，帶同兒子由東莞乞食來港覓生計，真可謂含辛茹苦，故其後人便以「乞食伯」一名紀念之，好教後人不要忘本。

　　同樣因圍頭話音轉而弄出謎題般的墓地，還有一穴新田文氏的「養公龍」。這名稱初聽又是不明就裏，筆者初時還道與成語「葉公好龍」有關，直到臨場一探，方知當地土名乃「翁公壠」，這個「養公龍」明顯又是因圍頭話而生出的誤會，無奈名字用久了，若你跟村民用回正字，恐怕大家反而一頭霧水！

▲ 新田文氏祖墳「養公龍」，從碑文可知當地土名「翁公壠」。

▲ 拜祭「養公龍」的通告

圍頭喃嘸的打醮絕技

每逢年尾，新界圍村又到了打醮季節。舊日圍村打醮的承壇師傅都是俗稱喃嘸的正一派道士，但在過去半個世紀，全真派道侶承壇的次數漸多，大有後來居上之勢。然而無可否認，喃嘸主醮確是新界傳統民俗的一大亮點，原因是這一班長年在圍村出入的師傅，仍保留不少舊功架，他們敷演的科範禮儀，都超越一兩百年歷史，用今人語，乃全是貨真價實的非物質文化遺產。

提起「喃嘸」，好多人自然會聯想起市區殯儀館的打齋師傅，卻不知新界另有一群先生，自成一國，他們的功夫來自東莞寶安一路，俗稱西路傳承，由於他們出入大小圍村，服務對象又以圍頭人為先（也有接新界水上人生意），學界便統稱他們為圍頭喃嘸，以別於一群長期在市區謀生的同業。

目前新界的圍頭喃嘸主要有兩班人，一是永安道院，負責人是梁仲道長（按：梁師傅於 2021 年去世，後由其大兒子掌家。），另一是陳九道院，負責人是陳九之幼子陳鈞道長。圍頭喃嘸人數雖少，但位位都是多面能手，又因彼此經常合作，遇有大醮會更互相支援，深有默契，故無論哪班人承壇，科儀水平都得以保持，依然醮味十足！

圍頭喃嘸做的醮會，十居其九是太平清醮，間中或做洪文清

▲ 打武師傅舞火蓆

醮。以太平清醮而言，五夜四日的安排一般是頭晚啟壇，次晚禁
壇，三晚小幽，四晚迎聖，第五晚大幽，亦即是火化紙紮大士王
作結。

　　他們落鄉打醮，有很多不一樣的絕技，能跳出經文科儀以外，
吸引村民捧場，像「禁壇」一項，意思原指請天兵天將臨壇守衛，
隔阻山精妖怪、魑魅魍魎的擾亂壇場，但在請神召將之前，他們
卻先會加插幾套「暖場」（台灣用語）表演，就是由喃嘸師傅變

身「龍虎武師」，表演幾套既牙煙，又充滿娛樂性的雜耍，統稱為「打武」。

登場打武的師傅，一般年紀比較輕，因除了耍櫻槍捧火缽，那更高難度的打火蓆（一張在四角點了火的草蓆）和火流星（長繩兩頭夾着點着的一大束香枝，勢如火炬）都是十分花氣力及具危險的，故若師傅體力不足，手腳一慢，便容易燒傷自己。

打武時，為求聲勢，震天價響的炮竹聲和鑼鼓聲會伴隨着師傅大顯功架——打火蓆轉成張張煙盾，盪流星畫出道道光痕——喃嘸先生的動作由慢轉快，再增速成極快，如此直把個新醮場薰得如天上人間，氤氳縹緲，讓圍觀者都籠罩在一份臨醮的興奮中，方算功成。

第三晚的「小幽」本意是個輕型的濟幽儀式，但在誦經前，兩位喃嘸師傅會在燭光掩映下，先上演一幕相聲——一位扮路人，一位扮幽魂，如此在場中你一言我一語，講講俏皮話，以博觀眾一笑，俗稱「賣雜貨」或「講鬼故」。當然，這環節因每年難得做上一兩次，師傅雖然會間中爆肚，引來圍觀者哄堂大笑，但到底照本宣科，效果只算一般，難及得上真正的棟篤笑，但卻勝在古味盎然，皆因師傅用的劇本，都是清末民初的創作，若加細聽，定能發現不少昔時用語，讓人一時三刻像回到清末民初的時空，充滿懷舊氣息。

香港社會變化急速，但觀看圍頭喃嘸做功德法會，卻往往有

▲ 兩位喃嘸師傅在小幽前講鬼故做相聲。枱上的書就是劇本。

一種時間停頓的感覺，就如回到昔日的農村一樣，說實的，相對於活躍於市區的喃嘸，圍頭喃嘸保留下來的打醮瓣數，確是變化較多和細密，可觀性實在強得多！（按：以「可觀」一詞來形容宗教活動，實在有點塵下，但喃嘸先生做法會，從來就強調入世從俗，與村民打成一片，故斗膽一用。）

廣府的喃嘸先生往日原分有紅事和白事兩大行頭，前者做的是祈福打醮等喜事，對象是生人；後者則主要是打齋，即做喪事，功德是做給去世的人。香港的喃嘸館早年亦有依此行規，但在六七十年代後，因紅事科儀的需求日歇，喃嘸先生為了生活，便再無紅白之分，其中又偏向以白事為主，結果很多紅事科儀都逐漸失傳了。這情況在市區尤其嚴重，新一輩的師傅能通曉者，真是十無二三，反觀長期在新界工作的圍頭喃嘸，因鄉村仍常有如動土（祭土頭）、蠶符、上樑、太平洪朝和太平清醮等法事，故不少舊功夫仍僥幸得以保留。

近年，圍村喃嘸文化成了醮會熱點，很多攝影發燒友都突成「醮粉」，紛紛現身捧場。這本無不妥，但隨之而來的，卻出現了不少犯禁而不自知的情況，不單破壞了壇場秩序，更讓人有一種反客為主的觀感，那就很不理想了！

故筆者不才，僅借本章末段建言，遠道諸君在壇場活動，請記着自己的身份，大家都只是旁人過客，而且都是不請自來，切忌喧賓奪主，鵲巢鳩佔，要懂得分清莊和閒。

▲ 民俗愛好者團團圍着拍攝一名喃嘸師傅做法事

圍頭篇 (二)

63

拍攝時，一：萬勿「兜口兜面」的去拍攝師傅做儀式，那會騷擾人的；二：若在壇外，勿擋在師傅正前方——朝天的通道上拍攝，因這些無視醮壇倫常的行為，對人對神都是不敬的，頗有褻瀆之嫌；三：內壇幕後是放置用品、經本、紙紮、衣服和師傅休息的地方，絕不能為了那一點好奇心而亂闖。試想想，若師傅財物有任何損失，瓜田李下，那閣下的嫌疑就是最大的了，到時有理說不清，無端犯官非，何苦？而且內裏的紙紮一旦遭閣下意外損壞，短時間內未必可以補充，那主人家花了數十萬元去做的一堂醮，卻因閣下的魯莽而失卻完備，閣下能不內疚？

故萬望有心人看罷本文，都能自律，在醮場觀賞拍攝最好是站在兩邊，跟師傅保持距離，越多空間越好，讓他們既專心又安心的去完成每一堂法事，那就皆大歡喜了！

▲ 圍頭喃嘸（沙田九約太平清醮 2005 年）

只剩四條圍村會舞的麒麟

有二百多年歷史的坑口客家麒麟舞，於 2014 年榮列中國國家級非物質文化遺產名錄，曾引來一陣熱議，也引發一點異議。原因是大埔、沙田、西貢、沙頭角、荃灣等客家大鄉皆有人舞客家麒麟，且名師輩出，各懷絕技，何故只坑口麒麟一枝獨秀，大獲垂青？那未免給人偏頗不全的印象。

為此筆者曾作打探，據言原來當日入選的考量之一，非在舞麒麟的功架是否獨到獨特，能為一方代表，而是側重於其歷史的久遠傳承及其世系的明確清晰，中間是否持續無間斷，這方面，也許坑口麒麟留有較詳細的記錄，申報資料充足，故最終才獲得評審人士的青睞。

其實，若要數新界罕見「瀕危」的瑞獸舞，那被認作圍頭人象徵的舞東莞式麒麟，無論內地或新界亦已為數不多，那才是早應上榜的香港珍稀遺產。

在香港，麒麟和南獅均是常見的瑞獸舞，但新界鄉民原本是不舞獅的，在二戰前，新界無論客家或圍頭人舞的都只有麒麟，舉凡「出棚」（按：舊用語，即出隊表演之意。）賀誕、接神、迎賓、行香（打醮期間的一種巡遊活動）或迎親等等，都是派麒麟隊去做，南獅是要去到上世紀中葉，才逐漸在新界廣泛流行。

東莞式麒麟相傳源出東莞縣，故名，今當地的道滘（按：2019年道滘馬嘶塘村的麒麟隊曾南來厦村友恭堂表演）、鳳崗、莞城仍有流傳，當然那還有更著名的，就是與東莞一江之隔的廣州南沙黃閣麒麟（黃閣鎮古屬東莞縣）。

在新界，舞東莞式麒麟由於清一色是講本地話的圍村人，故亦有稱之為「圍頭麒麟」或「本地麒麟」，其跟周王二公和盆菜，都可視為本地圍頭人的族群特徵。

由於新派的東莞式麒麟紮作和客家式麒麟外貌相像，一如兄弟，所以經常給人誤認，網上搜尋「東莞麒麟」，便出現清溪、樟木頭、塘廈、觀瀾等處的客家式麒麟，實則混淆視聽，因前者頭部碩大，披被較長，編織也更為講究，舞時動作幅度廣，氣派顯得較大，而其中最獨特者就是有嗩吶伴奏，演時笛聲響徹田野，聲勢旺盛，不似客家麒麟的單以鼓鈸伴奏，運作相對簡單。又據十八鄉白沙村一些老行尊言，他們昔日舞的東莞式麒麟，其頭部酷肖南獅，有別現在所流行的造形。

在上世紀七十年代前，東莞式麒麟在新界踪影處處，乃是瑞獸舞的大宗，一些人口眾多的圍村，如南邊圍、水頭村、橫洲楊屋村、東頭圍、上水圍、大井吳屋村等便都會舞，但如今全新界二十七條鄉數以百計的圍頭村，就只剩下四條村可見，且都集中在元朗，其寶貴有若四川熊貓！

那四條圍村就是屏山鄉的山廈村和沙江圍、厦村鄉的新圍

（新慶圍）和十八鄉的白沙村。舉凡遇上重大的喜慶節日，這四條村都會舞東莞式麒麟慶賀，像 2013 年白沙村新牌樓開光，這條珍貴的瑞獸便昂首登場。

山廈村（十年一屆）和沙江圍（六年一屆）每遇太平清醮之年，父老為了打醮迎迓賓客或出隊行香，在年頭會先訂製一對新麒麟，之後便會拜神開館，教授子侄各式技巧，而在開醮前夕，更會帶齊人馬，於夜半入深山，採青開光。

東莞式麒麟之流行新界圍村，跟教頭的來歷關係密切，因他們大多來自同聲同氣的東莞鄉鎮，故教拳之餘順帶傳授家鄉絕藝，便自然不過了，像山廈村和沙江圍自請了莫家拳教頭後，舞東莞式麒麟便成了兩大圍村的活寶。白沙村在上世紀四十年代中，也請了莫家拳的黃窩容師傅入村，所以該村也傳承了東莞式麒麟的絕藝。

▲ 沙江圍請喃嘸師傅為一對新的東莞麒麟頭點睛開光

▲ 新圍的東莞麒麟參與廈村鄉太平清醮的行香活動

▲ 山廈圍張氏的開基祖墓重修竣工，村民舞動東莞麒麟慶賀。

▲ 白沙村在牌樓開光日特意舞的東莞麒麟

　　直到上世紀四五十年代，每逢正月，新界圍村仍常見有組隊舞麒麟，逐一遊訪友好村落的古老風俗，時間可長達竟月，行程會遠至深圳布吉和東莞觀瀾（按：多是有姻親關係的村落），但自從大陸在五十年代尾封關後，這種傳統便不得不停止了！及後七十年代大陸雖然重開關口，但這種風俗已一去不返！

　　舞南獅的滲入鄉村，跟後來東莞麒麟舞的沒落，關係至大，有言原因是後者花費大，舞動時又非常花氣力，年青一代怕吃苦，不肯練，且外型不及南獅威武（有型），再加上黃飛鴻電影的影響，結果後生一輩都捨棄這種代表族群特徵的神物，而選擇新事物！但這卻產生一個疑問，就是同樣是族群象徵的客家麒麟，為何沒遇上相同情況？這跟彼此的民族性又有沒有關係？

　　一條麒麟的背後，可真大有文章！

年關下的接「灶疏」與打年貨

「正月點燈、二月春祭、三月娘媽、四月金花、五月二公、六月楊侯、七月燒衣、八月秋分、九月重陽、十月打醮、葭月冬至、臘月酬神。」以上所寫的時序，並非出自何經何典，乃年近歲晚，筆者為總結本地圍村一年民俗活動的大概而作。

新界圍村在年尾鮮有高調的大型活動，氣氛相對平靜，最常見者乃是還願酬神。無論是圍村或客家村，年頭祈福和年尾酬神都是指定動作，因村民深信，過去一整年的闔村平安，實有賴神靈庇佑，是故趁歲晚酬還，方算有始有終。

▲ 民間傳統，酬神必要金豬做祭；祈福則可免，因願望尚未達成也。

71

▲ 粉嶺圍年尾會聘用喃嘸先生上疏酬神

　　鄉村的「酬神」並非簡單的在家裏拜神燒衣就算，而是要擇個好日子，再齊集全村父老逐一到附近的社壇廟宇燒香，而一些大族還要有族長相隨。

　　大多數圍村的酬神都是由村民自辦，但亦有肯花一千幾百請喃嘸先生代奏的，像錦田水頭村和屯門青磚圍便是，至於粉嶺圍的酬神則相對隆重，除了請來喃嘸先生稟神上疏，還會有大批父老跟隨到鄉內幾個大社壇，逐一參拜，浩浩蕩蕩，如此大陣仗在其他圍村已很少見（按：山下村也會如此，但沒有喃嘸隨行）。

　　粉嶺圍酬神會請喃嘸上疏，這讓筆者記起，老村民曾對我言，錦田在上世紀七八十年代前，仍有一種年尾風俗叫「接灶疏」。

　　中國人向有年尾謝灶之傳統，「接灶疏」自是跟灶神信仰有關。「疏」是一種古文體，乃臣子向帝王分條陳述稟奏的意見書，後引申成為僧道尼拜懺時所焚化的祝告文。那《灶奏疏》其實是一紙薄薄的懺悔書，如今在衣紙舖仍可買到，但通常是連着灶君衣一同出售，其內容是藉着灶君年尾返天庭之便，請其帶同疏文述職，以祈求上天赦免百姓的罪過。

　　昔日歲晚逢年二十左右，錦田便會有凌雲寺的女尼下山到鄉內各村，逐家逐戶拍門送灶疏，以方便鄉民謝灶。她們會一邊行一邊高叫「接灶疏」，如是人人開門迎納，再回贈一點點糧米，變相成為一場化緣活動。

　　除了酬神，拜祖先也是鄉人非常重視的傳統，故一到年尾，

▲ 向灶君呈上的「灶疏」

抹神枱換神紅便忙個不休，此刻也是拜神用品的旺季，香燭冥鏹，金花長紅，甚至揮春門錢，需求甚殷，故鄉間就有所謂「打年貨」之語。

　　「打」即辦也，但別以為辦年貨一定要落墟購物，在新界的偏遠鄉間，如今還有一習慣，就是會有商販駕小貨車入村擺地攤，好方便村民辦年貨。當小販抵達後，他們就會四圍高叫「打年貨」，之後村民便會連袂出來幫趁，場面頗為熱鬧。由於貨物

的價錢較一般便宜，且種類多及完備，這些打年貨小販的生意還真不錯，筆者在輞井圍就遇到過。

在以往食井水的日子，在酬神前後，趁冬天井水較少，便是一年一度清潔水井的時候。他們會挑一個身手敏捷的少年落井底洗擦青苔，再重新注滿清水，但自從家家戶戶有自來水後，新界鄉民已不彈此調久矣！

▼ 鄉民在村前空地打年貨

新年對聯的文思與機杼

　　若過農曆年想要感受多一些傳統氣氛，圍村遊實是上佳之選。縱然圍村已難見舊屋，但過年味依然濃烈，祭祀與飲宴固然生色，但節令裝飾的悄然登場，才是精華所在，特別是一副副的門口春聯，今日的圍村依然盛行，內容更各具機杼，故春節落鄉，除了可看動態的點燈或醒獅，靜心一閱形形色色的對聯，亦頗堪留連賞玩！

　　對聯的歷史可上溯至五代十國（廣義時間為 902-979 年），有學者更說其淵源始自秦漢，總之就是源遠流長的一種文體。到了北宋，在農曆年張貼對聯（春聯）已漸成為過年傳統（按：貼對聯不限於新年，春分秋分或一些特別日子都可張貼，例如賀誕、婚嫁和打醮），有驅邪納福的意思。

　　圍村貼對聯以年尾最盛，那一對神聯：「春夏秋冬行好運，東南西北遇貴人」更是逢村遇上，家傳戶曉。但除了家門前的春聯，圍村裏的祠堂、圍門、神廳、廟宇、社壇、井頭也會張貼對聯，且各有特色，也是由於張貼的地方實在多，村民都要集齊人馬工作，但日子一般不會挑得過早，多會是在年三十的早上做，因恐怕期間落雨，會弄濕掃興。

　　莫以為一味善禱善祝的對聯，都是同一個譜，那其實是千變

萬化，雅俗並存的。像圍門對，通俗淺白的可以寫成「五穀豐收昇平日，萬紫千紅富貴春」（打鼓嶺週田村），但也可寫得深一點，配上典故的，如「永占梅開呈五福、平安竹報葉三多」（新田鄉永平村）。

社壇（供奉社稷大王的神壇）對也一樣，在常見的「風調雨順，國泰民安」之外，也有不常見的「麥穗兩岐成大有，花開六出兆豐年」（厦村鄉田心村），以及「感應通天宏雨澤、壇墠和氣藹春風」（十八鄉田寮村）。至於跟社稷大王成雙成對的福德伯公，則有「公公公十分公道，婆婆婆一片婆心」或「土能出白玉，地可生黃金」這兩條萬用聯，但亦有多花上一點點心思的「物華天寶日，人傑地靈時」（船灣汀角村）。

新界常見的對聯都是四至七個字，但間中亦有一些特長對聯，讓人眼前一亮，那可真考作者功力了，如厦村鄉新生村的村公所門聯是：「新運初臨　祝境內物阜民康　鴻圖大展　喜得西嶺不虞千載樂，生財有道　願村間少懷老慰　福壽綿長　幸逢山光回照萬家春」。此聯上下共四十八字，當中用字嵌有「新生」和舊村名「西山」，可見是度身訂造，本來可一幅直書到底，但因受大門高度限制，改以龍門對的形式，以長短句寫成。

同樣地，十八鄉白沙村五奎書室的三十四字大門春聯也很有特色，每邊十七字分成五行，字數由多至小，寫成「五族雲團富足食強足兵　振作精神　施教　化，奎樞星聚日重　光海重潤　掃除

▲ 「公公公十分公道，
　婆婆婆一片婆心」
　是全新界最常見的
　伯公聯。

▲ 新生村的縮「聯」成寸

積習　見文　明」。這可是另一種寫對聯的藝術手法，稱「斗方對」，明清以後曾流行於江南一帶的高門大戶，其特色是在斗方短紙上寫聯，而貼的位置是在門心而非其兩邊或楹柱，書法界又稱為「壁上觀」。又由於對聯張貼在門扉上，一若門神畫，故又有「門神斗方龍門對」之稱。錦田祠堂村的鄧伯裘舊書室，原名禮耕堂，其木門也有一對斗方龍門對：「禮樂文章　學習悉從勤裏得，耕田力穡　豐盈還自儉中來」。此外，橫洲林屋村林藉慶堂也有一對龍門對，有興趣者不妨前往一看。

繼原子筆後，鍵盤成了最廣泛的寫字工具，小學生習毛筆字早已變成可有可無之物。毛筆字的式微已是大勢所趨，影響所及，目前懂書法的人買少見少，大街小巷的街招告示、中藥用方和茶樓食店的餐牌菜譜，甚或打醮或做盂蘭用的榜文都成了印刷品的天下，慶幸圍村的對聯至今仍算是個好書法的世界，元朗的香燭文具舖固然會接訂單，在街頭巷尾仍不乏高手名家，而一些圍頭大族更會長期禮聘書法好手幫忙；至於屯門的圍村則比較幸運，因青磚圍的陶村長是個書法家，一到年尾，他便常為鄰村和鄉民寫春聯，故其墨寶處處，乃屯門鄉的一大景觀。十八鄉白沙村也有能人，易贊臣的曾孫能書善畫，村裏的贊臣別墅和五奎書室對聯便都是他每年手書。

也是因好字難求，有些圍村會訂製一副木刻對聯，以俟過年時掛在圍門、廟宇或祠堂應節，這可是一個不錯的主意，一勞永

▲ 法定古蹟新田的「麟峯文公祠」，其神龕春聯共三十二字，上聯是「際元日以荐辛麟趾與歌喜卜門閭廣大」，下聯是「坐羅山而啟宇峰頭疊秀應知祖德高深」，這麼長的聯，寫的固考功夫，然而讀的也要花點精神。

▲ 十八鄉白沙村的贊臣別墅雖已空置多年，但逢歲晚都有易贊臣
的後人換上新對聯。

逸，也頗有氣派，更有一種支持環保的意義，橫洲福慶村前村長
黃丁良是一位民間木刻家，他生前便造過不少，是該村新春的一
大特色。

圍村打齋首選圍頭例

古人重禮，周代以降，吉、凶、軍、賓、嘉五禮備受重視，當中的凶禮，亦即喪禮，人們更不會輕率處理。新界的圍村雖日漸城市化，生活習慣亦淘汰了不少舊俗，但喪禮打齋目前所行的一套，跟市區頗有不同，仍保留很多農村古例，鄉民稱作「圍頭例」。

香港原居民分有四個語言族群，歷史最悠久的就是圍頭／圍村人（本地人），現在香港市區的打齋儀式雖已大幅度簡化，但圍村人遇有白事，仍多肯採用程序較繁冗的「圍頭例」，甚至千叮萬囑中介公司要找懂得做「圍頭例」的喃嘸先生。

圍頭人設喪，多在空間相對寬敞的郊外，場地的選擇自然較城市人多，他們不一定要到殯儀館，因不少鄉村像上水、粉嶺、新田、洲頭、松栢塱、山貝、大井、屏山、西貢和上水鐵路站旁等，政府都設有孝思亭一類的建築，供鄉民租用，以減輕村民出外致祭的舟車勞頓。但如果鄉內並沒有孝思亭，村民也可在村口（指定位置）搭建臨時喪棚（竹棚或帳篷），以便親友拜祭。

相對於殯儀館局促和限制多多的環境，孝思亭和喪棚無疑更能讓圍頭例有所發揮，像出殯前守夜的打齋，因時間充裕，功德便可以更齊全，除了可做到子時夜深，不用考慮殯儀館的關門，

▲ 圍村喪禮在村口搭建喪棚拜祭

燒紙紮也不用因遷就其他「用戶」，每每在經本尚未唸完時，便得倉卒起行，不合情理！

　　喪禮分為世俗和宗教儀式兩部份，世俗儀式多而雜，細節上各村有各村的傳統，但一般都是環繞「禁忌」而行，執行上只在乎趨吉避凶，如出殯後，子孫都要取些「長命碗」回家，好討個意頭，男的五雙，女的五隻，關係較疏的就一隻。又如送先人上山後，親友落山便要摘一塊綠葉傍身，象徵去穢，但樹葉在入村前就要拋掉，以免不潔隨行。又落山入村所行的路，一定要繞道，不可回走送棺木上山的舊路，因為有「死人尋舊路」之諱等等。

　　在宗教儀式方面，新界圍村的傳統是採用一套流行在寶安、

東莞地區，不少於二三百年歷史的正一科儀，而圍頭喃嘸就是執行的專家和精神支柱。由於限制較少，圍頭打齋的內容無疑較市區的豐富，其流程鋪排也合理得多，可分晚上打齋和白天出殯兩系功夫，以下是晚上的打齋流程：

開路→開壇（在喪棚或孝思亭）→朝靈啟説→

誦經→行朝 喃朝→發鮫破獄→走五門→

行白路→過油鑊→散花解結→

坐蓮花→過橋→運財……燒紙紮

以上的儀式約由傍晚六時做到凌晨十二時許，需要十多名師傅，其中那套「走五門」喃嘸戲堪稱是圍頭打齋的代表。筆者説是戲，因儀式中的兩位喃嘸先生都要粉墨登場，扮成土地公和羅卜唱戲曲，其大意是借羅卜落地獄救母這個深入民心的民間故事（按：也即目蓮救母故事），説成是羅卜剛巧路過當地，聽得有人哭哭啼啼，發覺有人剛好去世，土地公便請羅卜順道落地府拯救亡者，羅卜出於惻隱之心，不忍亡者在地獄受苦，於是便連續東南西北中的逐個地獄去搜索，最終找到亡者把其帶出酆都城。

那三十多分鐘的唱做就恍如一齣折子戲，然而也許是筆者悟性太低，一直都聽不明歌詞，故難向讀者細緻交待，但每回目睹孝子賢孫排成一行，捧着神位隨着喃嘸先生扮成的羅卜，逐一穿越五方地獄門（現場臨時佈置）去找回在地府的先靈，便想到孝

▲ 圍頭例向會請尼姑在先人下葬時誦佛經,而非喃嘸先生。

▲ 圍頭喃嘸做招魂,子孫都跪在家門前,中間用草蓆包圍的,就是先人的臨時靈位。

▲ 出殯前，子孫要煮一煲糯米飯，再混入一些紅米及桂葉，放在小埕作陪葬之用，用意是給先人作上路食糧。

道的彰顯，到頭來亦需要回歸身體力行，方合情理，目前一些在靈堂辦的喪禮，也實在是太舒服了吧！

　　二十四孝，二十四種生時體貼，若再加上這第二十五種 ——「五門尋親」，那為人子女報答父母的養育恩情，個人認為才算圓滿！

楊侯信仰的誤與謎

筆者手上有一部內容豐富、製作精美的《金門縣官澳楊氏祖廟奠安紀念輯》，閱後驚喜萬分，因內頁竟有一篇「金門楊氏始祖亮節公族裔派衍世系簡表」。吓！難道他就是「生為侯，死封王」的侯王楊亮節？原來他竟在金門島上開基終老，有此發現，觀乎香港一個百年謎團終得解開！

為防讀者不清楚楊亮節與侯王信仰的關係，且先讓筆者花點時間，說些背景資料。

▲ 金門楊亮節墓

▲ 屏山咭嶺的楊侯古廟

　　侯王信仰在香港有着悠久的歷史，像新界圍村所供奉的圍主，便一定有「敕賜助法楊侯大王」之名，而在新界找到的「楊侯古廟」便有八間之多，像大澳楊侯古廟（1699 年）、屏山鄉咭嶺楊侯古廟（康熙末年）和米埔楊侯宮（1763 年）等，都是二三百年的古蹟，可見其普及和深入民心。

　　然而大家卻要注意一點，就是這位「侯王」雖然大家都知道姓楊，惟其名字卻一直不見流傳，也因為此，不少人便認為一些在香港的「侯王廟／宮」，如九龍城侯王古廟（1730 年前）和東

▲ 大澳楊侯古廟

▲ 九龍城侯王古廟

涌沙咀頭的侯王宮（1765 年），其所供奉的便都是同一位不知其名的楊姓侯王。

首個把楊侯跟楊亮節拉上關係的人是前清探花陳伯陶（1855-1930 年）太史。他在 1917 年為九龍城侯王古廟撰寫了一篇《新修侯王古廟聖史碑》。在文中，他考證史冊，力言侯王廟中的「侯王」就是南宋末國舅楊亮節，他是「生為侯，死封王」，故名「侯王」，更推測楊亮節因護主途中病歿，土人感其忠誠，遂建廟以祀。由於陳太史在文壇上深具權威，加上那個年代資訊不足，自碑文一出後，境內有關楊侯或侯王的陳述皆受其影響，至今依然。

然而，據《金門縣官澳楊氏祖廟奠安紀念輯》所載，楊亮節在景炎二年（1277）已與宋軍大隊失去聯絡。其時張世傑等與帝昰、昺和楊太后為避元兵，在福州倉皇乘船南行，楊亮節未能上船，便攜同三名兒子從陸路緊追。如此去到漳州，卻因三子佛曇（世隆）染病，他只好將其寄養在漳浦的佛潭鎮，而就此一耽擱，他又再跟不上大隊，失去聯絡，於是他就帶同長次二子佛細（世昌）和佛成（世耀）去到廈門。欲再尋船追趕，誰知就在等待途中，他獲知厓山兵敗之消息，知道宋祚已亡，回天乏術，便隱姓埋名，到廈門一海之隔的金門寶珠石（即今官澳）住下，最後鬱鬱終老，死後下葬今楊氏大宗祠「達山堂」後山的堆灰墓。如今官澳楊氏即楊亮節長次二子之後，他們數百年來已繁衍至三十

▲ 深圳下沙侯王宮有楊陳兩位侯王

傳，乃是金門望族。

　　由此可知，楊亮節根本沒有到過香港，陳伯陶太史的推測，理據明顯有瑕疵，故今後各位若言侯王或楊侯信仰，實不應再人云亦云，積非成是，何況深圳境內今仍有數間侯王廟，其中侯王不單有姓楊，也有姓陳，像向南侯王廟所奉的便叫陳忠勇，乃是明十二諸侯之一；而石廈楊侯宮奉的雖姓楊，卻是北宋楊家將的楊六郎——楊延昭！如今內地亦有言楊侯為楊亮節者，實是陳太史當年所言的出口成內銷，務要小心分辨。

客家篇 （二）

客家村稱霸新界山頭

新界的鄉村原有本地村和客家村之分，但單從外貌一般人不易分辨，雖說本地村多數有高大的圍牆，所以又通稱圍頭村，但客家村也有相類的建築，例如松柏塱的客家圍、沙田的曾大屋及上禾坑的李氏世居。這裏讓我教大家一個較簡單的辨認方法，就是留意該村是否建在山區、海灣或平原的邊緣地帶。

昔日客家人遷徙來港，礙於新界的兩大平原——元朗和粉嶺（古稱雙魚洞）早已為本地人盤據，遲來的客家人只得登山涉水，或往高處去，或往偏僻處走，像龍鼓灘劉氏的開基花香爐，就是最佳例證，相同情況，在新界其他各區隨便一數，便有川龍（荃灣）、和宜合（荃灣）、田夫仔（屯門）、茂草岩（沙田）、觀音山（沙田）、梧桐寨（大埔）、打鐵屻（大埔）、沙螺洞（大埔）、梅子林（沙頭角）、上禾坑（沙頭角）、井欄樹（西貢）、昂窩（西貢）和大腦（西貢）等無數山村，它們都是遺世而立各據山頭，在新界山區造成了一道道獨特的文化景觀，也是這個原故，如今在新界的廢村基本都是客家村。

新界客家村落的分佈多集中在東、東北、中和西南部，若大家看看地圖，就知道這些地方全是高山或一些交通不便的偏遠地區，那有冇一些客家村是建在平地上？那當然有，如八鄉田心

▲ 由於客家村多建在山中，因
交通不便，不少已成廢村，
圖中為海拔一百七十米高的
大埔沙螺洞村。

▲ 八鄉橫台山村是罕見能立於圍頭人勢力範圍內的客家村

▲ 圖中的鹿頭路就是由客家人建成的堤壆而來

村，或十八鄉的紅棗田、水蕉新村和水蕉老圍就是，但數量實在少。

　　新界東部的客家村主是在西貢以北和清水灣半島。西貢山多地少，那不多的幾處河谷沖積平原地和臨海平地，早在明代已有本地人開墾，故客家人南來，主要是落腳在西貢墟以北的山區，如大網仔、荔枝莊和榕樹澳等，還有處身天梯山上的嶂上和昂平高原的厥家村等。

　　那清水灣半島是離海拔極高的一條長脊，昔日交通困難，根本沒有車路，村民都是靠船隻與外邊接觸，若由井欄樹起步，一

▲ 沙田小瀝源山後樹林茂密，是港九獨立大隊經常出沒的地方。相中的客家村是石古壟村。

條長長的清水灣道兩邊，九成都是客家村（今屬坑口鄉事委員會），當中又以孟公屋一地最為密集，共有成、俞、劉、洪、陳等諸姓聚居山窩裏，若稱其為坑口山城，也不為過。

新界東北部主要是指沙頭角、鹿頸到新娘潭一帶的地方，平地在那裏是一件奢侈事，但自乾隆年間起，該處卻是無數客家人的安樂窩，他們在各個海灣圍湖造田，建造堤壩，創造耕地，由禾坑「八份半」起首，向東由南涌、鹿頸、鳳坑、谷埔、榕樹澳、深涌、鎖羅盆一直去到牛屎湖等，無一不是如此立業，今天不少單車隊縱橫的鹿頸路，其實就是由一條大堤壩加建得來。

沙田和大埔是新界中部的城鎮。沙田古名瀝源，原是一處深
長的海灣，兩邊群山圍着中間一條城門河，一如馬蹄鐵，客家山
村就分佈其上。瀝源九約近六十條村，客家村佔八成多，清一色
在潮汐灣（沙田海舊稱，今即城門河兩岸）兩岸和山區，其與谷
底盆地的田心、大圍和逕口等本地村，雙方楚河漢界，彼此分得
清楚。

大埔區內有所謂七約，撇除了純是本地村的泰亨約和粉嶺
約，其餘五約九成都是客家村，其中客家村最密集的地區，就是
林村谷（林村約）和汀角路一帶（汀角約和集和約）。林村鄉六
和堂包括了二十六條村，只有鍾屋、新村、塘上（面）和圍頭是
本地村，餘皆為客家村。至於汀角路沿途也是客家村林立，由魚
角村至大尾篤止，山上山下沿途二十餘村，本地村只有鳳園，而
汀角村側只住有少量的本地人。

要找清一色的客家村天下，新界西南部的荃灣區當之無愧，
那處擁有三十多條古村，但無一條是本地村（按：石碧新村是本
地村，是在五十年代才由大嶼山石壁遷來），可見那裏原是山區
貧瘠之地，開墾無從，後來才有空間讓客家人落腳，否則在北宋
已在那裏建了座【半月照潭】的錦田鄧氏，就應早早開村「殖民」
了。荃灣區有村名海壩和白田壩，又有街名叫海壩街和白田壩
街，都是先代客家人開荒造田的印記，情況一若沙頭角和大埔船
灣。

客家村錯落滿佈新界山區，在三年零八個月的苦難歲月，曾起了意想不到的作用，搖身成為侵略者的夢魘，因那村與村之間的小徑古道，網聯山嶺，竟變身成一張張的遊擊戰線，客家人以此地利與敵人周旋，互有勝負，卻從未屈服，一直待到和平的來臨，為一條條孤寂百年的客家山村留下了道道榮光。

誤會生成客家李姓大族

　　新界原居民有鄧、文、彭、侯、廖、陶六大圍頭姓氏，而客家族群亦有李、劉二姓不讓專美，算一算東西南北中，新界約有八十多條村有此二姓人士，堪稱新界客家姓氏的狀元與榜眼。

　　沙頭角是客家李姓其中一處重要的據點，在烏蛟騰山谷中的老圍，小小一條村就有一前兩後三間李氏宗祠，乃是新界不少李姓村落的發源祖地，不少後人更發展到大埔和西貢一帶。

　　在後排的兩間李氏宗祠，在右邊三間開大小的一間，是由李景茂的後人所建。李景茂的父親李明芳原籍長樂（今五華），在

▲ 烏蛟騰老圍的李氏祠堂群。左一的李氏宗祠為大滘李氏宗祠。後面另有兩間李氏宗祠。

▲ 李景茂祖在船灣橫嶺頭的子孫重陽祭祖

▲ 李文煥祠內的捐款芳名碑記有此祖子孫繁衍之處

康熙三十六年（1697）移居廣東永安，及後又南遷歸善（惠州），最後才落籍新安。他是最早落擔烏蛟騰的李姓客家人，如今已接近三百年歷史。李景茂下開六大房，子孫分散到九龍坑元嶺、九龍坑、涌尾、橫嶺頭、礦頭角、深涌、坑頭、永寧村和大灘等處，若以開枝散葉來形容其子孫之繁盛，實不為過。

與之比鄰的另一間李氏宗祠，一間闊，興建時間稍晚，是由惠州人李文煥的後人建造。據祠內碑記云，烏蛟騰附近的九擔租、亞媽笏、泥（犁）頭石，西貢十四鄉的馬牯纜和西澳，龍躍頭的小坑新村，以及遠至塔門島都有其後人生活。

▲ 李火德繪像

▲ 福建上杭稔田豐塱村崗頭的李火德墓【螃蟹游湖】（網上圖片）

　　由於兩間祠堂的子孫散居在不同地方，平日難得一聚，故他們便訂下正月大年初一為團拜及祭祖日，風雨無改，其中橫嶺頭村更會舞一棚麒麟到賀。

　　烏蛟騰三間李祠之中，在前排的一間是船灣大滘的宗祠，其祖先亦是長樂人。大滘雖因興建船灣淡水湖，子孫四散，但彼此仍有緊密聯繫，更挑在正月年初二清早，齊齊舞麒麟回老圍祭祖。

　　李氏子孫如此旺盛，有傳跟南宋時一名祖先死後葬得一穴風水地有關，他的名字叫李火德。

李火德（1206 ─ 1292 年）被視為八百年來李姓列祖中最多後人的一個，也是閩粵兩省李姓的共祖。其父李珠，生有五子，火德排名第四（五兄弟分別名金、木、水、火、土德）。他又名炳鳳，字閩海，號伯莊，生於福建寧化縣石壁村，後來遷居福建上杭縣勝運里（今稔田鎮）豐塱村。有言他死後擇於九月丙午日寅時送葬，但卻遇狂風雷雨，送殯隊伍寸步難前，只得掉下棺木在田間暫避，誰知棺木一夜無人看守，竟遭成千上萬的螞蟻擔泥覆蓋，外形一如小丘，形肖蟹蓋，家人知是天意，也不發掘，便就地安葬，並立碑為記。而這塊天葬地，日後竟成為不少風水先生評為一處專發人丁的龍穴，又因青龍白虎位各有一矮長山脊迴護墓地，有若蟹鉗，遂稱之為【螃蟹游湖】或【蟹地】，今墓地猶存在上杭稔田豐塱村崗頭，數百年來已成為李火德子孫的朝聖重地。

有言，該處墓地因是軟泥堆成，隔一段日子，碑石就會下陷一字，而每陷一字，李氏都會出一位顯要，這當然是附會之說，如此直到清乾隆五年（1740），其裔孫認為隔幾年就要更換碑石，費時麻煩，就用塊大石板墊着墓碑，果然石碑自此便不再下沉。

李火德在六十二歲後才得三子二女，可謂寶刀未老，全都是妾侍陳氏（1247 ─ 1300 年）所出，他的這段婚姻，說來傳奇，民間流傳着一個誤打誤撞的抵死故事。

原來李火德先後娶有鍾、王、伍氏三位夫人，但因種種遭遇，

依然乏嗣，直到宋咸淳四年（1268）納了豐塱陳梅山（時任潭洲太守）的十九歲女兒為妾後，九年間竟然得了三子（三一郎、三二郎、三三郎）、二女（桂英、淑英），人生才來個大逆轉。

話說李火德某日大清早路過陳家，惹得狗隻狂吠，屋內便有人問何事狗吠？當時有年輕女子便粗聲粗氣的答道是「火德公」，誰知李火德卻誤聽成「誷么公」（絕後佬）這句客家粗言，正是崩口人忌崩口碗，他回家後便向伍氏訴苦（其時鍾、王二氏已逝），感嘆自己一生為善，無奈上天卻要他無子終老。伍氏聽罷，心甚不安，便主動提出要為丈夫納妾，便問卜神靈，居然徵得吉兆，於是就託媒向那口出「惡言」的陳家小姐提親。

老實説，伍氏找上陳家，隱約有點代夫出氣的味道，但看來她意料不到，其一番體貼和忍讓，不單為丈夫完夢，更開創了中國史上的一個李姓大族，後裔遍及閩、粵、贛、浙、湘、蘇、川、桂、黔、台及菲律賓、印尼、馬來西亞、新加坡、泰國等南洋各國，甚至美國、日本、英國、法國、德國等地。故若有人説那穴天葬地是厲害了不起，我倒認為李火德娶得賢妻伍氏，才真正是李族繁衍的主因。

劉姓大旺沙田西貢龍鼓灘

　　新界客家原居民以李姓最多，能與之匹敵者是劉姓，粗略估計，最少三十條鄉村有劉姓人士居住，當中九成九是客家村，只有少數是圍頭村。

　　要說新界劉姓客家人，自然要一提前鄉議局主席劉皇發。他是龍鼓灘下南望人，那裏五條村——北望、南望、上南望、下南望和篤尾涌原有黃、邱、楊、陳、蔡、鄭諸姓，但傳聞因風水獨旺劉氏，結果是「唔姓劉都好難留」，一律冇得留低，其他姓氏不是絕後，就是搬走，讓劉氏雄霸整個龍鼓灘。

▲ 烏蛟騰田心四祠並立，三李一劉，劉祠是最早建立的一間，後人都住在九擔租，今多在外國為生。

▲ 發叔劉皇發（正中央穿西裝祭祖者）肯定是近代新界劉氏客家人的代表人物

　　沙田和西貢也有很多劉姓村落，像火炭約的落路下村便很著名。落路下本作落渡下，該村的落擔祖劉廷瑞是乾隆年間人，他由五華遷居沙田（原稱瀝源），之後花開四枝，除了落路下村，其子孫分別建立了拔子窩、馬料和禾寮坑三村。

　　有言劉廷瑞是個傳奇人物，他文武雙全，原是個千總（按：約今中尉軍階），後因得罪權貴，迫得攜母南來避難。初時他住在阿公角，故此有人說「阿公角」這名稱就是因他而來；之後他因得堪輿名師李三友賞識（按：此公即李益，他與沙頭角禾坑李氏深有淵源，其生平軼事，請參閱拙作，天地圖書出版的《香港民間風土記憶（三）》），指點他搬到隔海的落路下住，並在一處【盲婆雞窩】地修築一間禾稈草祠堂，以取地靈護蔭，結果他的子孫日後真的風生水起，一共開創了四條村。

　　「盲婆雞窩」即毛雞竇，毛雞是新界常見的野禽，今亦多有，村人常捉來浸酒。有言風水喝象為禽鳥或水族之處，本不該以灰石建屋，故當初只用禾稈搭建祠堂，只是數百年下來，該處今已改建成一座三合土的建築，加上前方建了數座「屏風樓」，昔日的風水寶地如今明顯已無從說起了！

　　西貢的清水灣半島是另一處劉姓的集居地，今日屬於坑口鄉事委員會管理範圍的下洋和上洋，同樣是有名的劉氏一姓村。這兩村已有近三百年歷史，分別由來自深圳泥圍的劉子玠和劉子瑜兩兄弟創立，是名副其實的兄弟村；及後二人的另一位兄弟劉子

▲ 落路下劉氏宗祠

瑄由內地搬到茅坪居住，但他的兒子劉其漢卻選擇去鄰近上洋的檳榔灣開村，三村此後日益強盛，最終在坑口形成了一片劉家天下。

劉姓的後人眾多，廣東民間嘗言，他們的二世祖南宋人劉廣傳，祖籍福建寧化石壁，因生了十四個兒子，為恐日後子孫繁衍，不能相認而起衝突，便寫了一首「十四大房詩」給後人傳誦，好教子孫相認時拋出詩句，認祖歸宗，不致生誤會。這首詩一共有八句：「駿馬騎行各出疆，任從隨處立綱常，年深外境皆吾境，日久他鄉即故鄉。早晚勿忘親命語，晨昏須奉祖爐香，蒼天佑我

▲ 在蓮麻坑鼎亮祖劉氏宗祠用寫有劉氏十四大房詩的石匾

卯金氏，二七男兒共熾昌。」在最尾兩句，「卯金」即「劉」字，「二七男兒」指的就是其十四個兒子。

這首「身份詩」是筆者在蓮麻坑鼎亮祖劉氏宗祠的石匾看到的，之後又在馬尾下簡頭村和吉澳劉氏的族譜首頁讀得，可見此詩廣泛在劉氏族群流傳。其實，類似的「身份詩」，黃姓也有一首，是二十一子之父的黃峭所作，拙作之前也有提及（按：《香港民間風土記憶（三）》）。黃峭是唐末人，劉廣傳是南宋人，相差近兩百年，明顯後者是模仿前者所作。有關劉廣傳的生平，近世學者或有認為是經後人加工的，故不可盡信！

八個字破譯客家祠堂身份

　　祠堂是中華文化的特有建築，用於供奉祖宗，曾大盛於清代，在新界鄉村隨處可見。然而雖同是祠堂，圍頭和客家便有頗多明顯的分別，故有老於經驗者單憑祠堂的格局和佈置，便能判斷是否客家村落，而這組文化密碼也並非甚麼深奧之秘，簡言之就是「屋細、神位少、坐觀音」！

　　新界的客家村只要稍具規模的，差不多都建有祠堂，這些祠堂的名稱與圍頭人同樣，多是叫「□氏宗／家祠」或「□□□公祠」（第三字一定是姓氏），有時門匾或會見「蘭桂騰芳」或「□□世居」四字，那九成都是客家人。

▲ 最常見的客家祠堂外形（圖左）

客家祠堂比起本地祠堂，建築規模一般較細，常見的是一間兩進或只得一間屋，其原因不難明白——古時客家人的經濟能力較弱，人口又少，村落又多數建在山中，平地有限，所建造的祠堂自然是不能太大。

客家祠堂跟圍頭祠堂的最大差異，還數在神位的安排。由於客家人都是近二三百年才到港的新移民，祖先都住在家鄉，加上南來時多只一家一主，而非合族遷至，所以祠內多數只奉一個木製大龍牌，上刻「囗氏堂上始高曾祖考妣（二字平排）神位」，而背後牆上則會寫個大大的「壽」字，是鮮有如本地人祠堂般，會每位太公都配有一塊專屬神位（夫婦合用一木主），然後一排排的放在碩大精緻的神龕中，造成祠堂內動輒有十數座，甚至上百座神位的壯觀場面。

另外，坐觀音肯定是客家祠堂的明顯特徵，客家祠堂會在神位左邊（面向外），奉有一尊觀世音菩薩，乃是送子觀音；而右邊則多數留空用來擺放雜物或麒麟頭。但當然，那是有例外的，像上禾坑的李氏宗祠就在右邊奉有風水師李益的神位（今已改作神像），坑下甫林氏宗祠和大埔尾李氏宗祠就供奉了財帛星君（財神），馬鞍崗胡氏宗祠則放有「前傳後教祖本宗師」的神位，而孟公屋的劉氏家祠則安了一塊上書「敬如在」的神位。橫台山散村的鍾氏宗祠是較獨特的一間，其祠內左邊奉的不是觀世音，乃是一位「大法師主鍾萬公十三郎之神位」，反而在右邊才供奉

▲ 橫台山散村鍾氏宗祠的
　觀世音是坐在右邊的，
　這情況較少見。

▲ 樟樹灘燦斐邱公祠坐的是關公而非觀音，較為罕見。

113

觀世音，近似情況的還有樟樹灘的燦斐邱公祠，他們以關聖帝君代替觀世音，想來是受到附近那著名的樟樹灘協天宮影響吧！

至於西貢大環村的王氏家祠，其神台左邊原坐觀音處，亦換了一塊上書「勅封助國龍源公王之神位」的雲石碑，那顯是一位大有來頭的王氏保護神，遺憾的是筆者至今還無緣獲知底蘊！

有關客家祠堂坐觀音的傳統，新界也有少部份客家祠堂是沒有跟從的，如馬游塘李氏、黃竹洋戴氏、觀音山王氏（下巷的家祠）、烏蛟騰李氏宗祠（李文煥祖）、蕉徑新村張氏和荔枝窩黃氏等，祠內的神台兩邊均空空如也，但這只算是少數案例，在筆者過訪的祠堂中，數量不到十分一，原因未明，也只能說是各處鄉村各處例了！

▲ 馬游塘李氏家祠重建後進火盛況，其祠堂在芸芸客家村中屬較大的一間，屬兩進三間式。

三類人主持客家祠堂進火

祠堂是祖宗的寢室，宗族香火之所寄。祠堂重修，竣工進火最為隆重，儀式多種多樣，但手法萬變，亦無非求個前人安穩、後人安居。

自上世紀九十年代始，新界為數眾多的客家祠堂即踏入一個重修興旺期，不少古老祠堂都換上時代新妝，變得精緻講究，美輪美奐。

祠堂修葺完工，民間俗例必要舉行一場進火儀式，方算功德圓滿，此亦為研究鄉村民俗活動的重要項目。所謂「進火」，火是香火之意，即是在重修竣工之日，族人迎請暫存臨時香火廠內的祖先香爐和神位，返回祠堂神龕；這個儀式也有稱作「歸火」或寫成「進伙」。

客家祠堂進火儀式一般都會聘請宗教人士主理，也即學界所稱的「儀式專家」，而喃嘸先生就是最常見的儀式專家。

由於牽涉很多俗例，客家人一般都會請曉得講客家話，屬同聲同氣的客家喃嘸主理進火。在筆者的記錄中，由 2008 至 2022 年間，新界便有赤泥坪丘氏宗祠（2008 年）、大尾篤黃氏宗祠（2008 年）、上禾坑李氏宗祠（2009 年）、大滘李氏宗祠（2010 年）、社山陳氏宗祠（2012 年）、田寮下鍾氏家祠（毓遷祖）（2013

年）和孟公屋成氏家塾（2016年）等都是聘用客家喃嘸。不過，
其間也有一些特殊個案，就是一些客家村無分族群界限，轉聘元
朗的圍頭喃嘸做法事，包括大埔尾李氏宗祠（2011年）、西貢大
灘李氏家祠（2015年）和碗窰張屋地張氏家祠（2013年）等。

　　觀乎兩者的儀式，客家喃嘸通常只一人做事，但圍頭喃嘸有
時會連同多名醮師（吹嗩吶）工作，氣氛熱鬧，氣派亦大，這端

▲ 大尾篤黃氏宗祠歸火儀式中，族人以接力形式請祖先神位回祠堂。

視乎主家的財力和要求了，而在一些較偏遠和細小的客家祠堂，筆者也見過只得一名圍頭喃嘸完成法事。

客家喃嘸的儀式最獨特者，是要「引龍」。師傅會以一條象徵仙橋的紅長布，俗稱「長紅」的，由神台鋪搭到面前的神枱，再請族中長老由祠外工地的臨時香火廠，逐一接回香爐和神位，並沿着長紅一一「滑」送上神台。如此在一切妥當後，喃嘸先生便會擲杯問聖，以證明祖宗平安歸位，大功告竣。這方面，圍頭師傅並不見有這種做法。

另一類常見做進火儀式的專家，就是神功師傅。神功又有人稱做民間道教，新界較流行的便有茅山青竹教、茅山真心教、天教六壬和六壬神功伏英館等流派。神功的全稱是「神功法門」，又俗稱神打，屬於道教符籙派的一種。由於民間認為神功師傅修備了不可思議的法力，故請祖宗歸位的儀式亦常見到他們的身影，像九肚羅氏宗祠（2012 年）、八鄉散村洪琳鄧公祠（2015 年）、孟公屋的陳氏宗祠（2011 年）及俞氏世居（2015 年）的進火儀式便是由這類師傅主持。

這些藏於民間的神功法門，不少都是傳自廣東東部和東北部的客家地區，故客家人請這些神功師傅做事，外人看似奇怪，覺得有點怪力亂神，殊不知彼此淵源實深。

除了請師傅代勞，有部份客家村會反璞歸真，全程不假外求，只由族中長老簡單地迎回祖宗神位入祠，像水盞田張氏宗祠（張

▲ 喃嘸先生（圖右）帶領村民捧着祖先神位經過「長紅」回神龕

▲ 金剛教的神功師傅在孟公屋陳氏宗祠舉行進火儀式

錦達祖）（2010 年）、龍鼓灘劉氏宗祠（2010 年）和水蕉老圍
張氏宗祠（2015 年）便是如此。

　　有時重修祠堂，鄉人都會藉機訂製一座新的龍牌，以換舊物，
在這種情況下，他們就會省掉進火儀式，改用開光儀式替代，像
顯田村的羅氏宗祠（2013 年）、馬游塘李氏家祠（2016 年）和
龍尾陳氏宗祠（2022 年）等便是，至於那些舊神位就會拿去火化，
很少留下來作歷史文物看待。

▲ 張氏父老列隊捧着祖先香爐和神位回歸水蕉老圍的宗祠

打客家齋會審問孝子

生老病死，人之常情，但不同的族群因傳統各異，打齋儀式亦有大分別。

喪禮是人倫大統，香港的中式喪禮一般採廣府模式，但新界就有圍頭和客家之分，圍頭取的是道教儀式，客家則是佛教禮儀，其主壇供奉三寶佛。客家打齋的儀式中有一節喃嘸戲，喃嘸會當場審問後人孝順與否，敢叫天下不肖之徒退避三舍！

客家人打齋，除了到殯儀館，亦常見入村設喪棚，有些更會在祠堂設壇，這真是各處鄉村各處例，因這在絕大多數的圍頭村是禁止的。新界常見的客家齋分為小齋、中齋和大齋三種，前兩者大半日可完，因時間所限，其儀式當然會有所省略；大齋則是竟日而行，當中程序繁多，要做到深宵方休，也是為此，在村內的私人地方設喪才最易施為。

▲ 客家打齋是用佛教儀式

　　大齋又稱「十王大懺」，儀式由中午開始，開壇初段都是一些迎神招魂之類的法事，一些較獨特的儀式，如「走藥師」，要到下午才登場。

　　「走藥師」即拜藥師懺，藥師佛是佛教中的醫神，拜藥師顧名思義，目的就是為因病去世的先人治病，好讓他們輪迴時能舒服一點，轉世便不用帶着頑疾投胎，再受煎熬。拜藥師懺時，莫以為喃嘸先生只是坐着乾誦經，師傅會一邊唸經，一邊領着孝子賢孫捧着靈位在場內不斷繞圈（圈的大小視乎人數多寡）。他們會先作順時針行，跟着再逆時針走，那究竟要行多久啦？嘿嘿，原來差不多要一個小時，這可真是非常考驗後人孝心和毅力的功德，據聞曾有喃嘸先生因不滿在場的子孫不夠認真和誠心，便故意不斷兜圈，且暗中加快腳步，行得人人滿頭大汗，氣喘吁吁，以作懲罰！

▲ 走藥師後，一眾孝子賢孫要飲一碗菊花茶，象徵消除病痛。

▲ 坐臺審事。在臺上的是由喃嘸先生扮演的縣官。

▲ 喃嘸先生戴上臉具扮成地保（後坐者）和地方公（前站）參與「坐臺審事」的演出

　　一般在「走藥師」後，便到晚飯時刻，但若先人是個女子，那女性子孫此時就要多做一堂「拜血盆」，也即拜《血盆懺》，好為先人脫罪，而這部份男性子孫是不用參與的。

　　打齋的重頭戲要入夜後才陸續登場。首先有「轉天王」，繼有「散香花」，到了晚上十時左右，就是「發赦」了，此儀式又稱「坐臺審事」，乃是一場發人深省的喃嘸戲。

　　發赦開始時，會先由一位穿上僧服，頭戴佛冠，手持禪杖的喃嘸先生，以十方僧的姿態出場誦經。之後多位喃嘸先生便會換上戲服，他們分別扮成縣官、衙差、書僮、地方公和地保等人，待會逐一登場。其間，飾演縣官的喃嘸會坐到高臺之上（由幾張八仙枱臨時疊成），逐一審問臺下諸人有關逝者的行事背景，當

然那都是有劇本的了，但最「精彩」之處，就是先人的長子也成審問對象，但這一回不是問他有關先人的生平，而是「縣官」會當着一眾親屬眼前，審問兒子是否孝順？生前可有供養？可曾做忤逆之事？是否有盡子女本份，妥善安排喪事，好超度亡魂等等尖銳問題，如此直答得「縣官」滿意後，這位大老爺便會高聲說道「奉天承運，佛祖詔曰」，再宣讀一篇赦文以解除先人生前種種罪過，讓他以清白之軀往登極樂。

「坐臺審事」雖說只是一場戲，但整齣戲的主角並非遭審的兒子，說穿了其實是一眾在坐的家屬親人，因為弘孝勸善才是整齣戲的目的，也不怕給人說是指桑罵槐，但求前車可鑑，世間不肖子女所在多有，昔年那些編寫劇本的老前輩師傅，可說是用心良苦！

打齋到了此時，已達夜深，但儀式未完，客家打齋並不像廣府齋的以「坐蓮花」濟幽作結，稍後還要破地獄和渡金銀橋，如此子時剛過，一場完整的客家大齋才算是功德圓滿！

白眉派與鷹爪拳的教頭們

　　武術是民俗學中的大題目，只是常被忽略，尤其是客家功夫，過去鮮有人去研究，幸近年不單有多部專書面世，更有人成立了客家功夫文化研究會，為傳揚和保留這種族群文化，開了門路。

　　客家功夫的傳入香港，當隨客家人的遷徙同來，但有較清晰時間和資料可循者，還數在上世紀中葉，其時客家拳高手紛紛南來定居，像白眉派的插旗香港便十分矚目。這個拳派除了在市區設館，影響最大者，是拳派在沙頭角和十八鄉等客家村的傳播均十分興盛，而掌門人張禮泉與十八鄉大旗嶺村的關係，就最為人所樂道。

　　白眉拳被視為客家功夫的表表者，其四傳掌門張禮泉（1882-1964 年）功不可沒。張氏原名青茂，別字勵存，為惠陽縣縣城客家人，他七歲學武，長大後到廣州覓生計，在光孝寺隨竺法雲和尚習佛門秘技的白眉拳術，武功猛

▲ 大旗嶺村內白眉拳館的神位

進，學成後硬仗連場不敗，聲譽日隆，後被黃埔軍校聘為教官，在廣東武林素有「東江老虎」之綽號。

張氏南下香港前，已有不少弟子做其開路先鋒，抵港建橋頭堡，其中有李世強者，行旅出身，他在客家人聚居的十八鄉大旗嶺村教拳，為這門拳術來港拓荒，打下良好的基礎。後來，他因要移民南美，張禮泉便指派三子張炳發頂替他，但因炳發年紀尚輕，張禮泉恐他威望未足，難以服眾，便常由沙頭角流水響的居所，老遠跑到元朗察看，更常在村內的「永發居」（一座大屋，已拆）盤桓，親手點撥徒子徒孫，使大旗嶺村隱然成為白眉派的「旗艦」。有指張氏生前曾金口放言，要在大旗嶺「放低幾個教頭」，觀乎今況，其言亦早成事實！

▲ 張禮泉在港去世後，下葬粉嶺流水響吉穴，乃是白眉派的聖地。該墓於 2021 年重修。

　　白眉拳自傳入香港後，傳播迅速，弟子極眾，但另有一門客家絕技「南派鷹爪」，雖威力不凡，卻因數代下來，多是一脈單傳，且深藏大埔山中，以致差點隱沒於世。

　　南派鷹爪到了今天已有約七傳二百餘年之歷史，惟其功夫單含散手，並無套拳，故前人只以鷹爪相稱，但因當年有北方鷹爪名家劉法孟在港授徒，為免誤會，其傳人在 1972 年才添上「南派」一名。

　　據傳其技始自客家人藍貴，他後來傳授給城門村人鄭飛華。鄭氏一生傳奇，他因幼時目睹其姊遭鄰村的流氓欺負，長大後立志學武，助人助己。他文武雙全，曾考過武舉及在九龍竹園村（林姓）教書，但因太多人找他比武，他嫌麻煩，晚年為求安靜，便遷往大埔深山的蓮澳，過着隱居生活。

　　自鄭飛華在蓮澳落腳後，這門鷹爪的傳人差不多都成了大埔人，先是第三傳的碗窰馬喜宗，繼而是第四傳的打鐵岰何福來（1896 － 1963 年），由於二人同為客家人，所住的村子又近，可能因而結下師徒之緣。何福來後來傳了不少弟子，只是沒有幾個肯將功夫大顯天下，惟其中一人歐紹永，祖籍曲江，乃南來移民，他居於大埔而拜師何福來，終得其絕藝，及後再授弟子如駱貴平、周官年、溫健安、陳漢傑等，在承傳上都頗有成績，算是將這一門功夫保留下來。

　　回說何福來乃是個英雄人物，他雖是個駝子，但藝高人膽大，

時當日寇侵華，他毅然加入遊擊隊，更試過戴涼帽扮客家婆割草，先後手刃兩名倭兵，和平後卻「事了拂衣去，深藏身與名」，繼續低調生活，故若贈他一個「俠」字，諒亦匹配！

▲ 歐紹永師傅示範出手若抓若拿的南派鷹爪

▲ 大旗嶺村白眉青茂堂紀念館，乃紀念白眉派歷代先輩的神廳。

有情有義的客家善聞

　　關門口村邱氏和上碗窰馬氏在重陽節拜山，百年來體現了兩段情義值千金的生養死葬善舉。一座金城，一穴古墓，墓主不見經傳，卻深藏着客家人儒者的美德。

　　荃灣關門口村邱氏在乾隆年間來港立村，到了第三代康字輩，子孫繁衍，分作八房，當中有邱康俊頗為富有，今邱氏家祠內所掛的其中一幅官服畫，主人翁就是他。

　　邱康俊生於 1799 年，終於 1869 年。他的後人在 1898 年於大嶼山長塱為他建墓，風水穴喝名【燈盞地】。每年重九正日，邱氏後人都會聯袂上山掃墓，這不為奇，奇就奇在他們會順道拜

▲ 荃灣關門口村

▲ 邱氏後人為先僕金屋上漆

祭兩副無名金塔（外面雖塗有「邱」字，實非邱姓），且年年為金塔屋上漆。

聽邱康俊的後人說，該座「邱福德公之祠」內的金塔，並非族人，但知是太公的長耕，因二人無後嗣，先祖不忍他們死後失祭，便將金塔安放在主人墓附近陪葬，好得邱家世代兼祀，使不致成為遊魂野鬼！

「長耕」乃是長年為主人打工的下人或佃農，也是如此，不少長耕跟主人建立了深厚的感情，然而在封建社會，主客尊卑，界限森嚴，縱使有感情，也不代表主人家一定會照顧其生養死葬，但邱康俊的子孫能跳出俗世視野，以情以義先行，值得敬佩！

相類的客家人好人好事，在大埔上碗窰村也有一件默默流傳。上碗窰村馬氏在 1674 年於碗窰谷開村，多年前筆者跟隨其

族人拜祭落擔太婆，卻在火炭谷後山深處，土名買茶坳的地方發現一古墓，其保養良好，碑文刻有「清長樂邑庠生號雲廬諱譚溫老先生之墓」句，原來墓主是一名秀才公，而此碑最奇特者，就是下款署名共九人，竟清一色都是姓馬，相詢之下，方知全為上碗窰村馬氏前人。

原來上碗窰村先輩因開窰造碗致富，發財立品，便想到辦學興教，於是在道光辛卯年（1831）就禮聘了譚姓秀才到大埔開館，誰知他上任不到七個月，竟客死異鄉，由於他是長樂（五華）上山汀峯鄉人，路途遙遠，不可能立即歸葬家鄉，於是一眾弟子便決定就地安葬先生，並在道光二十五年（1845）為其建墓。

觀乎墓地的四周環境，這個秀才墓絕非輕率亂葬之物，而是經細心尋覓得來的風水地，其花費一定不菲，加上維修有時，毋見頹像。古人重視五倫，天地君親師，此墓地當可為明證，而亦為此，上碗窰馬氏後人立下祖訓，每年拜過落擔太婆後，在回程路上便要順道拜祭秀才公，以示飲水思源，未敢忘恩，顯得有情有義！

「情與義，值千金」，盧國沾先生在《陸小鳳》主題曲開首有這兩句，深入民心，邱氏和馬氏的先輩一定未聽過，但他們的行為顯然就是最佳註腳，因為他們都為子孫樹立了人生楷模，掃墓拜山可達義，身教言教，其價值真有若千金！

▲ 上碗窰村馬氏子孫拜祭秀才公

▲ 在大埔深山中的秀才公墓

胡姓尋祖毋負有心人

　　誰想到今古地名之變，為一族客家人尋根之路帶來多年折騰。戰亂和人為的阻隔，曾製造了多少家庭的離分？八鄉馬鞍崗胡氏家族與內地兄弟失散數百年，終在深圳重逢，一問之下，對方居然也是覓伊經年。

　　元朗八鄉馬鞍崗是一條中型客家村，因村後有山如馬鞍狀得名，住有范胡簡三姓人士，而以胡姓人口最多，其祖先自康熙年間來港開基，至今已分開發展至河背、八鄉田心、大欖涌村及大欖涌胡屋等處。

　　據《胡氏族譜》所載，胡氏入粵始祖有通公是從福建長汀遷移入潮州揭陽縣湯坑，其後四至八世祖都住在長樂縣，直到十一世胡九運，方才攜同上兩代先人骨殖南來八鄉落擔，故此今日胡氏拜山，均以九世胡懷沖為最大太公，而之前的歷代祖先因全葬在內地，間關千里，早早便斷了拜祭。

　　但人為的阻礙卻堵不了族人的思想：「究竟湯坑和長樂是甚麼模樣？祖先的墓地還存在否？」有這種想法的人，其中一個便是二十三傳子孫胡毓才。

　　胡毓才是公務員，礙於職業，他一直無暇北上細覓根源，但私下卻不停追查祖先墳塋所在，甚至做了個 Execl 表來方便查閱。

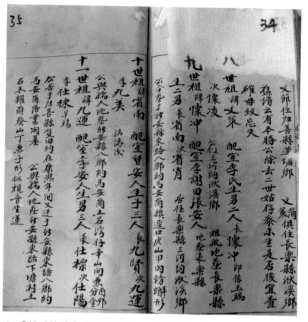

▲ 【胡氏族譜】有關八至十一世祖的記載

他知道湯坑就在今廣東省豐順縣境，前去不難，卻苦於長樂是在鄰省福州境內，追查隔山打牛，茫無頭緒，故一直沒有行動。如此直到近年退休後，他便聯同幾名好兄弟到湯坑探路，一償心願，希望找得祖墓線索。果然此行大有收穫，不單給他們找到了胡氏入粵始祖墓，當地鄉親還一言驚醒了他，原來他一直在擺烏龍，族譜中的「長樂」其實是五華縣的舊稱，其地正好與豐順縣比鄰，實只一山之隔。

那次尋根還有一件事是讓他們感到額外興奮的，就是胡懷沖的親弟胡懷凌，因港譜中無其後人記錄，大家都以為絕了嗣，但

事實卻子孫眾多，並聚居在梅州大埔縣的三洲村。為此，胡毓才經多方聯絡，終找到懷凌祖的後人胡家全，但萬料不到，此人就在一河之隔的深圳市工作，而胡毓才到此方知，原來數十年來，對方在內地竟一如自己般，也是鍥而不捨的追查失記的祖先墓地和族人消息。

▲ 是年胡毓才（左一戴帽者）和胡家全（左三），以及數後人到五華洑溪八世祖墓拜祭。

▲ 胡氏這穴地喝名【蜈蚣吐珠】，風水特佳，是蔭出多條村的龍穴，文革期間曾遭破壞，墓碑也被移走，直到 2012 年才經兩房子孫合力重修成現貌。

其實，胡家全因常到深圳圖書館翻查族譜，他早早便知香港住有胡氏後人，但也是囿於工作，以致無法到港尋親，但他還是隻身先去了五華縣，並找回失落了近四百年的八世祖胡文策墓（按：即九世祖胡懷沖和胡懷凌之父），如今冥冥天意，胡毓才竟率先找上了他，二人拿出族譜核對，全然吻合，同族兄弟在分隔的天空下各自追索經年，終得團聚，這豈不就是古人常說的精誠所致，毋負有心人？

▲ 胡家全尋回祖墓兼與香港兄弟團聚後，2012 年在胡文策墓旁樹碑細縷經過始末。

大欖涌村有茅山師祖祠

　　廣東的民間道教有茅山法一門，其教主眾多，但以胡法旺公為大宗。新界客家村大欖涌建有全港唯一的胡法旺公祠，其亦祠亦廟，為這門獨特信仰在香港立下了一座神聖殿堂。

　　胡法旺是客家人，原名澄，生於明洪武二十八年（1395）八月廿四日的廣東揭陽，為家中長子，其二弟胡澄，乃是大欖涌村胡氏的五世祖，故當地人又稱胡法旺為公太或伯祖。

　　大欖涌立村於乾隆末年，是由八鄉馬鞍崗分遷而來，今有村民數百。該村有村屋兩排，屋前有一所安定家塾，內奉「胡氏堂上始高曾祖考妣」的牌位，故其雖名「家塾」，實一若祠堂；在其背後，便是胡法旺公祠。

　　據村民言，今之胡法旺公祠非古已有之，早年村民拜祭法旺公，只在書塾神臺右邊（面

▲ 大欖涌村胡法旺公祠外貌

向外）設一神位，後來因風水問題，整座家塾向前移遷，村民才將法旺公神位獨立開來，於民國十六年（1927）在「安定家塾」前址建祠專祀，一心憑藉公太的法力無邊，好尅制當地的壞風水（傳聞屋旁曾有人吊頸）。

該祠是一座以三合土建的仿古中式建築，兩進一間，裝修明亮簡潔，曾在 1994 年（？）及 2003 年重修。祠堂門口有聯一對：「蘇湖世澤，理學家聲」，前句是採北宋著名教育家胡瑗（993-1059 年）桃李滿門的典故；後句是指宋代大學士胡寅崇尚理學，並著書立書的史事。

祠內神臺有大塊雲石神牌，中間為「茅山師祖胡法旺公尊神

▲ 祠內神位佈置

139

位」（按：在外間的茅山派神館，神位會用「茅山師主」四字，此處或因法旺公是胡氏族祖，才改稱「師祖」。），其左右則是兩位夫人——黃老孺人和蔡老孺人的名稱。孺人是明清兩代一種命婦的封號，舉凡七品官員的母親和妻子都稱做孺人。

明正統十四年（1449），中國發生土木堡之變，明英宗被俘，其時瓦剌（西蒙古）人進攻北京，相傳胡法旺公就在此時，用茅山法相助任職南京兵馬司副使兼糧食督察院指揮使的二弟胡澄，神奇地及時解運皇糧進京解困，因而獲封「護國法師」及贈朝衣閣帽，也許為此，法旺公雖身為布衣，卻因曾得封贈，其妻子死後便可用孺人稱號。

一般嫡傳胡法旺公神功的神館，在神龕兩旁例有招牌聯：「文雄光北斗，武略振南天」，但此間祠堂神龕兩旁的對聯，卻是長長的：「法術顯茅山捍患抗災保障黎民安且吉，旺施叻祖德深仁厚澤扶持孫裔熾而昌」，頂部則橫批「大顯威靈」四字，但無論是哪一對對聯，其表現出來的姿態都是神威凜凜，充份顯露出一種跟平常家祠大不相同的感覺！

胡法旺是廣東民間道教茅山派的奠基人物，他因受奸人迫害，約在明宣德二年（1428）與兩名結義兄弟（按：此二人有兩種說法，其中一說是廖百二郎和張法青，另一說是朱法旺和張法旺。）同上江蘇句容縣茅山學法，以求日後壯大家族。

　　礙於胡法旺的茅山法早年只嫡傳族中子侄，故又稱「胡家教」，及後其法逐漸在客家社區廣泛流傳，弟子已不限胡姓，更因人數眾多，遂有茅山派之名，但其跟道教中的茅山上清宗，並無密切關係，乃是另一門宗教。由於修習這門神功的弟子多擁有不可思議的能力，例如刀砍無損，火燒不傷，故外間又以「神打」稱之。

　　今大欖涌村每逢農曆八月廿四日都會闔村慶賀胡法旺公誕，而不少外來的神功弟子也會趁機親賀，部份更帶同麒麟參拜，而村民都是來者不拒。村民賀誕的儀式除了唸神章請神（一篇過

▼ 村民及信眾是以獨特的拜祭方法賀法旺公誕

千字的請神奏文）和上表，還會焚化一批特意訂造的白色紙馬，以送公太享用，因據傳法旺公生前是最愛騎白馬的。在賀誕後，主持儀式的村民（他也是茅山師傅）便會派發一些靈符給在場人士，以求大家都得「師公」庇佑，百打百勝！

▲ 一匹匹的紙紮白馬都是祭品

巨型義塚印記荃灣發展史

闢地為塚，殮葬曝骨。專祀無主先人的義塚常見於新界山野，原來除了彰顯人性美德，它還可作為史鑑看待，乃是一部活的地方誌。荃灣是清一色客家人的地區（按：後來加入由石壁搬來的圍頭人，那是後話），在大帽山藏有三座大型義塚，規模冠絕全港，其興建故事便是一頁頁荃灣大發展的見證。

每年在清明節前，荃灣鄉事委員會都會組團拜祭三座義塚——「荃灣福德義塚」、「阿娘壩義塚」和「荃灣各姓先人金塔靈位」。這三處地方並非同時之物，惟其出現跟政府開發荃灣的步伐息息相關。

▲ 阿娘壩義塚

143

　　先說最早的一處——在 1963 年建成的「荃灣福德義塚」。這座位於大帽山荃錦公路凹頂旁的巨塚，是為了安置在葵涌瀕海的盤尅（按：盤尅今寫作「盤缺」。當地人讀「尅」做「結」，但字典作「刻」音。）、馬角和三百錢等地的 107 個無祀金塔而來。早在 1959 年，香港政府已着手開發鄰近市區的葵涌谷，作為發展荃灣成衛星城市的橋頭堡，但在大手開山填海之時，卻屢屢發現大量無人認領的金塔，理民府遂委託荃灣鄉委會代行處理，故這個義塚就正好標誌着荃灣變身的第一階段。

　　之後的十數年間，區內推土機的聲音逐漸由東向西伸展。在 1975 年，開山工程延向荃灣北部山區的城門谷，當中亦難免波

▲ 埋有 107 個無祀金塔的「荃灣福德義塚」

▲ 採用開放式設計的義塚——「荃灣各姓先人金塔靈位」

及不少金塔墓地，而有了上次的合作經驗，理民府再度委託荃灣鄉委會幫忙，將新發現的無主金塔寄存在鄉委會在戰後建成的和宜合及川龍義塚內，但因數量實在太嚇人，鄉委會便在 1982 年另建一座超巨型義塚——阿娘壩義塚，以資應用。該義塚位處川龍山中，是合併了和宜合 454 約地段的鄉委會義塚和原馬閃排玉霞閣佛堂義塚而來，內藏有 902 個金塔（按：後期再附加 38 個。），故其先人數目應大於逢吉鄉義塚和大埔萬安塚，甚至超越 1918 年馬棚大火先難友的紀念公墓，為全港最大者。

　　此後到了 1994 年，政府又因玫瑰園計劃，要在汀九興建一

條行車天橋連接青衣北部，其間工人發現了 27 個無主金塔，由於地屬荃灣，於是鄉委會第三度出手，在大帽山響石墳場旁擇地建成了「荃灣各姓先人金塔靈位」。

這座新義塚不像前兩者的密封結構，而是採開放式設計，原因是當中除了有那 27 副無祀骨殖，其餘還有鄉內村民欲重置的 199 個金塔，而為免祭祀混亂，才有此特別安排。

從上述可知，義塚雖云只是一抔黃土，無甚著稱，但其背後實滿載着地區的集體回憶，應當妥善保存。早前筆者隨郭志標先生考察佛頭洲昔日釐廠的一座百年義塚（光緒十二年 1886 年立），該塚是香港清代史的重要文物，惟荒垣頹敗，荊蔓叢生，狀況叫人慘不忍睹！這方面，政府、區議會或鄉委會是否能出手做點工夫？

▲ 佛頭洲荒棄義塚

客家麒麟拜祠開光如考牌

　　麒麟舞是香港民俗活動中的常客，其中尤以客家麒麟最多，而麒麟現身，天下盛平，喜氣盈盈，故舉凡登山過村，但聽麒麟鑼鼓響，即知好事近了。

　　客家麒麟源於客家村滿佈的東江流域，新界客家人傳其俗，但教人口稍眾之村，莫不組成麒麟隊，以取身份認同，匯聚人心。

　　鄉人稱麒麟出外表演為「出棚」，除了地方慶典或賀醮祝誕等大型活動，村中自家人的喜慶事諸如開光、進火、入伙、嫁娶和完山等，亦可常見其踪影，皆因舞麒麟傳言是有煞擋煞、無煞引福的吉祥活動。

▲ 井欄樹村麒麟迎接一對新人（2010 年）

147

祠堂或廟宇開光是舞麒麟最搶風頭的時刻，因縱使有群麟到賀，入祠參拜只能由一隻麒麟獨舞，不許一窩蜂的進祠參拜，而整個過程，麒麟由初在門口逗留、到進門、登堂、叩拜、退出等，一舉手一投足，全都必須遵循禮法而行，不得稍有逾越，故拜一趟祠，就如考一次牌，要求是十分嚴格的。特別是鄉村祠堂多為兩進一院，其首進必有中門，麒麟通過，是絕不能直行直入，需要遵從一套「穿金錢」打結的動作，要緩緩在樑柱間繞纏而行，就如走一過「8」字，而麒麟師傅的功力深淺，有冇家教，從中即可見真章。

很多人不明白，麒麟入祠進廟總先要在中門走個「8」字，或以為是多此一舉，殊不知背後暗藏天機。原來古人認為麒麟行止瑞氣隨身，其繞「8」字叩四角，麒趾來去往返，踏遍全屋，其瑞氣便繚遶滿室，那兜來轉去實深含風水奧義，因風水從來是忌「直」，直必生煞，反而迂迴而行，地方才可納吉生財，箇中道理與祠堂天井底下排水溝的曲屈繞行設計如一。

一條新麒麟能夠遊遍五湖四海，穿州越省，事先要開光採青，方能昂然起步。南獅開光，今人一獅多開——上下午可以開光完再開光，一個獅頭重用 N 次無問題，但麒麟頭絕對不行！一個麒麟頭，終其一生只得一次咬青開光，這是麒麟舞者的金科玉律。

麒麟開光不論客家、鶴佬或圍頭，論古俗都是非常認真講究

▲ 西貢黃竹洋村李氏修墓完山麒麟獻瑞（2015 年）

▲ 客家麒麟頭（2004 年）

的，且有不少繁文縟節，故新一代師傅每有簡化之舉，但無論怎樣改變，不少師傅如今仍很執着於擇個好時辰，在深宵荒野某個方向，舉行開光咬青儀式。

麒麟是仁獸，是素食者，但此習非與生俱來。「開光」是請求麒麟先師魂降附麒麟體內，「咬青」即開光後即時口含一條連

▲ 麒麟恭賀孟公屋村陳氏家祠開光（2011 年）

葉的樹枝，象徵新麒麟人生第一口是吃素，自此永世不會吃肉傷人。

　　但問題來了，為何一定要擇時辰方位，並於半夜去深山做儀式呢？原來又是古人的一番苦心善意。他們認為麒麟開光時的煞氣非常巨大，若在白天舉行，不巧有着孕婦（俗稱四眼婆）、兒

▲ 城門新村新麒麟深宵荒山開光咬青（2008 年）

童，或時辰相沖的人經過，便會好心做壞事，無端傷及人命，當
然那也會破壞儀式的完美，故必得揀夜靜無人之時進行。一若舊
屋上樑，以免節外生枝，也是為此，隨行的徒眾依古例也必要手
纏吉祥紅線（按：也有以針連紅線扣於心口），並以擋煞的硃砂
輕點掌心，做足保護功夫，方可同行，否則撞鬼撞邪，諸事不吉，
那就手尾長了！

成姓開村幸遇貴人中介

　　孟公屋成氏與大水坑張氏的「成張拜年，異姓一家」，是新界著名的地方掌故，背後深含飲水思源之義，為人樂道。成氏自乾隆十年（1745）建村坑口後山，如今已蔚為區內客家大族，歸根究柢，全憑當年貴人指路，其先祖方能覓得安樂窩，惟貴人是誰？不就是孟公屋的「孟公」！

　　清水灣道孟公屋是一條雜姓村（今屬坑口鄉事委員會），共住有劉、俞、陳、洪、成、馮諸姓。據說，由於最早定居該處者為孟姓，故才有「孟公屋」之名，而在成氏由林村遷來前，當地

▼ 未知何時開始，逢單數年的大年初二，大水坑張氏會回訪成氏，成為定俗。
　圖中所見，為成氏麒麟隊在村口迎接張氏到臨孟公屋拜年。（2017 年）

已住有劉、俞二姓。劉姓是區內大族，有上洋、下洋和檳榔灣三村，孟公屋劉姓則是下洋分支，今其後人多居於北圍村。至於俞姓則是由大埔汀角遷至，在孟公屋開有俞屋村。

在「成張拜年」的掌故中，成氏的新界開基祖成檳元為十六世祖，他由廣東興寧縣南下新安縣的林村矮崗定居（今林村天后廟附近），但在康熙初年卻遭山賊在博羅縣殺害，身首異處，其後人只得鑄製一銅首與遺體合葬，以得全屍，墓地就在林村山上，穴名【畫眉跳架】。

成檳元死後，其妻鄒氏前路茫茫，惟有帶着年紀幼小的兒子成國珍投靠先夫好友張首興，後來更改嫁給他。張首興原籍今五華大田，清初遷徙至沙田大水坑立村，其為人重義，不單視成國珍如己出，待國珍長大成人後，還叫他恢復原姓，故為了讓後人不忘張首興的大德，成氏立有家訓，合族每年歲首（年初二開年日）必要參拜張氏宗祠，更在九月重陽期間，到西貢荔枝莊拜祭張首興和鄒氏的合葬墓，永世懷恩！

成國珍復姓後，有感大水坑耕地狹少，非世代久居之地，便和兒子舉家遷回林村，但只住了兩代，到了十九世祖成騰蛟時，他有感矮崗亦非安身立命之所，於是又搬到人跡尚渺的孟公屋，成為開村之祖。

今其族內相傳，成騰蛟初到坑口時，雖見山坑水沛，有利耕種，正宜長居，卻無奈大部份好地已為劉俞二姓開發，只得失望

▲ 六十年代成氏族人拜祭林村成檳元墓後合照

▲ 成氏家塾在 2015 年重修後新貌

▲ 就是在這塊神主牌背後發現前人寫下的族房分支表

▼ 成氏保存客家文化頗力，年中的敬老宴，還刻意煮九大簋以饗長者。（2017 年）

離去，惟當時天色已暗，不便上路，他就借宿一孟姓人家。誰不知在閒聊間，竟得到「地膽」孟公的指引，得知山上高處還有更好的吉地，適宜立圍牆，成騰蛟依言往覓，果然找到合心水的地方，自此落葉歸根，其後更分發多房，開枝散葉至南圍、柴灣、壁屋和榕樹澳等處，如此一段奇逢可謂盡得貴人指引之妙！

孟公屋山中有一塊小盆地，山溪水潺潺流過，側邊台地平排三座祠堂，盡得形勝，其居中一座便是「成氏家塾」。這座兩進三間的古建築，名雖「家塾」，實為家祠，在 2015 年曾重建。在工程期間，成氏族人意外地在神主牌背後發現一暗格，其蓋掩上寫有「後人注意有歷史在內便」等字，數十年來居然沒有人察覺。

原來神位背板寫了一篇族房分支表，上面詳細列出由十六世至廿二世諸公姚的名字，乃是前人在 1938 年重修祠堂時所作，如今雖然過了大半世紀，但墨跡依然，令眾人驚喜萬分，都說這一發現，感覺就像親手接過前人的信札，份外的親切溫馨。

安龍清醮客家科儀絕跡

醮是道教祈福法會的專稱，新界圍頭人或不同灣頭的水上人向有辦清醮的傳統，客家人亦然，但卻不稱「太平」而曰「安龍」，大抵在遷界過後，客家人萬水千山，南下辛苦落擔，都圖覓個世代居所，那安龍旺土，安撫地脈龍神，避凶趨吉，無非是新移民對這塊美麗天地的卑微渴望。

安龍清醮由做兩日一夜至四日三夜不等，其內容也不離請神、誦經拜懺、開榜、濟幽等醮會常儀，唯獨特之處是有一「安龍」儀式——村民會舞着一條十餘呎的長布（紅色或黑色），前綁一鴨，後纏一雞，稱作龍頭鳳尾，扮成一條「長龍」到龍脈處，趕龍（又叫「拿龍」）回村，其間村民會在一處被指為「龍穴」的地方，經客家喃嘸施法後，埋下一稱「龍缸」的陶甕（只約五分四在泥內），內有水或五色豆及白米，意謂讓村子倚仗的龍脈，恢復靈氣。

安龍雖是客家風俗，但在過去的二十多年，新界客家道壇青黃不接，隨着老師傅如繆庚來的去世，新一代的客家喃嘸除了做殯葬、蘆符和開光功德，大抵已無力接辦醮會，故不少客家村惟有轉聘圍頭喃嘸代理，像 1989 年大網仔和 2011 年西貢井欄樹三十年一屆的安龍清醮便是，而就此一變，已無復原有的科儀特色！

▲ 村民埋下「龍缸」乃安龍清醮的重頭戲

在 1981 年，有學者曾到井欄樹醮場考察，據其記錄，可知當年的四日法事，其中有「發招兵牌」儀式，是由一位師傅男扮女裝，又跳又唱做喃嘸戲。筆者後來得知，那位喃嘸先生叫陳春，家住打鼓嶺坪洋，我在 2007 年屆的上水坑頭安龍清醮曾遇過他，但他當時已十分老邁，加上講客家話，大家雞同鴨講，已無法問清當年細節，只好一切隨緣！據說在更早期的井欄樹安龍清醮中，客家喃嘸還會表演「上刀梯落油鑊」，但在 1981 年那屆又已取消了。

新界的客家村數以百計，會做安龍的不多，除了大網仔、井

欄樹和坑頭，可知的還有大欖涌關屋地（大屋圍）、高流灣和吉澳等處，以及昔日屬新九龍的牛池灣，另外據說還有三四個地方的，但因是耳聞，未做過考證，暫且不列！

以上諸處，大欖涌關屋地因 1957 年建大欖涌水塘要搬村而停辦。

至於高流灣和吉澳這兩處地方，前者七年一次，後者十年一次安龍，但由於客家人的淡出（大多移民去了），目前醮會以灣／島上的蜑家人為主導，但也是因為客家師傅不足，吉澳早在 1986 年那屆，高流灣則在 2001 年那屆都轉用了元朗的圍頭喃嘸。順帶一提，2022 年本是高流灣的安龍醮期，但因疫情猖獗，迫得延期一年舉行，請的也是上一屆承壇的圍頭喃嘸。

十年一次的牛池灣醮自 1965 年屆後，現已停了近一個甲子，當年承壇的是附近萬佛堂的齋姑。那萬佛堂是先天道的齋堂，可見當年已非由客家喃嘸誦經，該堂至今仍保留一塊建醮大會送贈的鏡屏，聽說原本還另有一塊 1955 年的，只是給堂內齋姑意外打爛了！

從以上可得，如今純客家人辦而又請客家喃嘸承壇的安龍清醮，新界就獨剩上水坑頭，週期為十五年一屆，醮期兩日三夜，2022 年將舉行第十三屆。莫言十五年才打一次醮，相隔時間很長，大網仔醮是六十年一次的，下一次是 2049 年，哈！真希望到時有緣能跟各位讀者一會。

▲ 客家喃嘸。右一老者就是會反串女角的
陳春師傅。

▲ 2008 年坑頭安龍清醮尾晚的濟幽場面，客家
喃嘸稱之為「岸台」。

▲ 2022 年坑頭安龍清醮，由市區的喃嘸先生主理，已非客家喃嘸。

後記

因本地的客家喃嘸人手短缺，2022 年的上水坑頭安龍清醮轉聘了來自市區的喃嘸先生主理，亦因如此，他們唸經全用白話，儀式都是他們常用的廣府模式，醮會再無客家科儀可言，但也是一班村民維繫近兩個世紀舊傳統的苦心。整個安龍清醮除了經懺部份，其餘大至都能依足舊俗，尚算能留有一點客家古俗的風味。

而來到此刻，筆者或可以斗膽宣佈，新界的客家安龍清醮至今是只餘名稱，實質已步進了歷史。

客家人的酬神與祈福

　　古人立村安居，必同時供奉大王和伯公，以祈出入平安，自此年頭祈福、年尾酬神即成世代不替之事。新界如今仍有不少客家村遵行此俗，那除了村民齊齊的上香祀神，還會大家夾手夾腳斬柴燒灶，製作一鍋平凡卻經典的美食——客家炆豬肉。

　　祈福與酬神是新界鄉村常見的風俗，不論圍頭或客家都有此傳統，過程雖簡單，但細節毫不含糊，對象除了村內的神廟圍主，更重要是守護村界的土地神—— 大王和伯公。

　　「大王」全稱是「大王爺」，或曰「護國社稷感應大王」或

▼ 村民捧着三牲祭品去拜神

「社稷大王」，個人理解實即古人對山神的代稱，神格較地方伯公為高。社稷大王的神壇又稱社壇，形肖交椅，多設在靠山的村尾，面向外或與村同向，全港最大的一座社壇，應是沙江圍村尾鄰近洪聖宮的一座，直如一間屋子的大小。

「伯公」又稱為福德公或土地，古人立伯公神位多只用石頭，形狀通常都是等邊三角形，一如坐着的人，地點則挑在村口通道附近，希望祂擋邪出外，照顧行人。新界地名常見「伯公坳」之稱，像東涌和十八鄉南坑排（元荃古道）便有此地名，同屬山坳位，乃昔日村民出入的關隘口，當地人供奉伯公後，即祈望有神靈守護，此後山精妖怪休想得逞！

除了村口伯公，不少鄉村還會加奉如井頭伯公、榕樹伯公、橋頭伯公和圍門伯公等等，如此到處神靈，名目雖繁，亦無非是為了「心之所安」四字。

由於客家村多在山上，人口少，地方細，並非每條村都有圍門、神廳和廟宇，故社稷大王和伯公就成為祈福與酬神的當然主角。一般鄉例，於正月十五以後，村民便會夾錢做份，劏雞拜神，擇日「起平安福」（又稱「做社」，客家話讀成「做沙」，部份鄉村會在清明前做，故又稱「清明社」）；而到了年終，萬事迪吉，他們便會在尾禡後，殺條大肥豬去答謝神恩。村民心思縝密，認為作福只能用雞，不需用豬，因為要等神靈兌現「承諾」，方可讓祂吃個心滿意足，那神靈為了一嚐肉味，也必定會加倍精神，

▲ 大欖涌村的大王社壇，背後就是做社的大灶。

▲ 馬鞍崗和河背村民在拜神後分「社肉」

保佑村民。

那些白豬肉又稱社肉，在拜神過後，除了會平均分給村民帶回家做臘肉過冬，還會留下部份即場開灶炆調，齊齊牙祭一番。

許多人都知道，炆豬肉是客家人的烹調絕藝，卻不知在婚娶慶燈以外，古時的村民是鮮有機會劏豬食肉的，所以年尾的集體拜神，往往就成為大家最期待的重要日子，人頭湧湧。

隨着時代轉變，鄉村現在已沒人養豬了，村民也不會劏豬，白肉都是買自市場肉檔。如此在拜神日早上，村民便會約在露天大灶集合（每條鄉村都一定有此公家設施），跟着也不用怎樣分派工作，各人滿有默契，各自分工——打掃、破柴（而家一般用卡板木條，那當然是要預先找來）、洗鑊、開灶或切豬肉等，全是自動波行事。

他們會先焓熟一個豬頭、一條豬尾、一堆豬內臟和一隻雞，好讓值年的村民先擔去各處拜神，那餘下來的人就會爭取時間，埋首燒灶做飯，一待眾人回來，便打銅鑼呼喚未到的村民同來午膳。

客家人的露天炆豬肉，配料都是常見的南乳、豆卜、冬菇、木耳和鹹酸菜（為添視覺效果，有些村會添一些「醬色」）等，當中或有增減，惟其風味與滋味均勝於一般在家烹調，這可能跟燒柴所產生的高溫有關，也不用先嚐一口，單嗅着那股濃稠肉香，已叫在場人士口水直流！

▲ 村民燒柴炆豆卜豬肉,香味四溢,其風味勝於家中爐火煮食。

　　無奈今日客家文化式微,鄉情薄弱,村內鄰里關係已無復以往的親密,祈福酬神而炆豬肉食大鑊飯的習俗,環顧全新界,尚存者,筆者僅筆錄得十餘處,分佈於沙頭角、大埔、八鄉、粉嶺和屯門等村落,看其大趨勢,恐怕到不了下一代,拜神雖然如舊,但都變成盆菜到會式的聚餐了,但覺是得其貌而失其神髓,是肉質依舊卻顏面全非,那一點點的無奈,全因為失卻了當中的一種人情味!

坪洲廢祠來自林村客家人

清代的康乾年間，大批客家人南下今日的新界開墾，沙頭角曾是熱門的中轉站（請參閱本書《誤會生出客家李姓大族》篇），但原來大埔林村鄉亦有不少客家人輾轉移居到新界不同地方，甚至有遠達小島坪洲！

林村是新界其中一處客家大鄉，分佈在谷內的二十六條村，有二十二條是客家村，故客家文化昌盛。在清代以前，這裏原是一片森林，更曾有華南虎出沒，據說今新塘、小菴山和龍丫排三村的溫姓共祖太婆——詹氏大娘，當年便是遭虎噬而亡，故其墓地葬的只是一條大腿骨。

由於水源充沛，谷地縱廣，林村曾擁有很多未開發的處女地，自清政府撤除遷海令後，來自東莞、五華、梅縣和惠陽等地的客家人便陸續到此開荒。這大批「新移民」包括了鍾、張、丘（邱）、梁、古和溫等諸姓，後來由於社會盛平，人口增多，部份鄉民便在谷底深處另立屋牆，像溫姓便先由落腳的溫公山（田寮下山腰），再搬到新塘和小菴，之後小菴的一支又另開龍丫排村，今鄉中耆老溫送泰先生便是龍丫排人。

然而谷中耕地始終有限，故鄉民向谷外發展便成了一道大潮，這包括：

第一手民俗——新界的傳統與掌故

▲ 林村鄉有二十二條客家村（另外有鍾屋村、新村、圍頭村、塘上四條本地村），
名字都寫在太平清醮的巨型花牌上。

▲ 梧桐寨村由邱、古、沙三姓立村，其中邱姓一支有後人移居西貢南圍。

▲ 坪洲菜園村鍾氏祠堂

田寮下（上下村）鍾姓分支九華徑、大埔墟和香港仔。

大菴山鍾姓分支離島坪洲。

大菴張姓分支八鄉長莆、大埔新圍仔和青衣島。

新屋仔丘姓遷西貢大腦村、沙田芙蓉泌（今稱芙蓉別）、大埔樟樹灘，後又有一支由樟樹灘分支大埔南坑。

麻布尾梁姓分支大江埔長江村（按：今大江埔有一舊酒廠，正是姓梁，未知是否相關。）。

白牛石（原稱白鰲石）梁姓分支八鄉雷公田及橫台山梁屋村。

梧桐寨邱姓雲習公系後人分支到大埔錦山（舊名禁山）、另一支邱姓應聰公系後人則分支到西貢南圍；而同村的古姓亦有一支遷到大埔錦山石鼓壟村。

此外矮崗（鄰近放馬莆天后廟）成姓一家雖然早已搬到清水

灣半島的孟公屋定居，但在重陽期間，其後人仍會回林村拜祭先
祖墓地。（請參閱本書《成姓開村幸遇貴人中介》篇）

縱觀上述林村鄉人的遷徙途徑，大致可分為元朗和大埔兩大
路線，都是由上而下的散開去，當中較特別者是大菴山村的一
支，竟然泛舟跨海至孤懸海中的坪洲，今坪洲菜園村內有一間嚴
重破爛的鍾氏祠堂，想來就是這支後人所建。

另外，梧桐寨邱應聰的後人也分支到西貢南圍，邱／丘姓在
新界是客家大姓，除了大埔和西貢，沙田和荃灣都有不少邱／丘
姓村落。提起南圍邱姓，這讓筆者憶起了一則掌故，説當年孟公
屋成姓的後人在南圍居住，但因人數少，附近又常有海盜出沒，
便想到朋友中有邱氏一家六口都懂得功夫，個個都是打得之人，
遂邀請他們到南圍同住，互相守望，故南圍麒麟隊在 2017 年的
林村鄉太平清醮也有到場賀喜，可見彼此淵源深厚，至今雖分隔
百年，他們與梧桐寨的兄弟仍有緊密聯繫。

▲ 西貢南圍的邱氏宗祠。同村另有一間較小的邱氏家祠。

（三）

雜篇

新界村鬥明來暗往招數多

新界最少有七間廟宇附設有義祠（按：分別是八鄉古廟、坪源天后古廟、后角天后古廟、林村天后宮、錦田協天宮、荃灣天后宮和大樹下天后古廟），供奉的不少乃是護鄉義士，可見從前村鬥之激烈。村鬥之生成，究其原因，恐是入清以後，由於人們生活逐漸安定，人口膨脹，耕地水源漸見不敷，故為着爭奪資源和維護利益，村鬥頓起，惟其事雖鮮見文獻，但蛛絲馬跡在民間俯拾即是，筆者下鄉耳錄多年，且記下數則軼聞以饗讀者，好一探其情。

軼聞一：山廈圍張氏宗祠外牆的彈痕

張氏宗祠是法定古蹟，政府曾修葺多次，惟左邊外牆仍留有凹孔多處，不知者以為是工程紕漏，實情是昔年外籍維修專家刻意保留，以存地方歷史。原來山廈張氏曾跟附近某鄉爭鬥多時，雙方戰至酣處，有人竟用上槍炮助戰，可見斯時村鬥已由早期的冷武器轉入熱武器的階段，牆身凹孔就是當年槍彈碎片痕跡，叫人觸目驚心。

第一手民俗——新界的傳統與掌故

▲ 水蕉老圍關帝宮是合村眾姓的祭祀中心，內藏昔年村鬥的戰利品。

軼聞二：水蕉老圍關帝宮的戰利品——朴刀

水蕉老圍是十八鄉客家人的主要聚居地，村內的關帝宮是祭祀中心，其牆上掛有一柄纏滿蛛網的朴刀，一望而知是陳年舊物。相傳，該刀非村民原有，乃是昔年與某鄉備兵對陣械鬥時所繳獲的戰利品，懸於廟內，是有意立刀揚威，以示憑團結一心，人少打人多，一樣可以獲得勝利。

軼聞三：借風水廟破壞對手的運勢

元朗區內有一廟宇，其位置在一處形肖牙鷹的山崗，俗稱牙鷹廟，鄉人立廟目的乃是不欲某村人口不斷增多，危及利益，於是建廟尅制對頭的祖墓【蛇地】，取鷹啄蛇頭之意，一心要對方唔敢出頭（唔出頭即有得發展），今該廟尚在。以建廟來堵截對頭風水的傳聞，新界還有多起例子，如大欖涌與大棠群山便有三間小廟，不知情者只道山中建廟，似為庇佑行人，其實暗藏古人計算，可說是一種軟性村鬥技倆。後來有傳此技亦給英人借用，他們在屏山山頂建一警署，外示彰顯權力作監視村民之用，實是暗破屏山「蟹局」風水，要「大石壓蟹」，一若孫悟空的被困五指山，目的是要土人再無反噬之力。

▲ 相傳遭對頭建廟截風水的【蛇地】

▼ 十八鄉南坑排後山山坳有一小廟，有言乃為破壞對頭風水而建造。

軼聞四：破壞對頭墓地

　　此手段最損陰騭，屏山坑尾村的鄧霄羽夫婦在十八鄉葬於名穴【蝦公地】，但因村鬥激烈，對手竟出陰招，盜挖其金塔，之後雖然賠償還骨了事，但鄉民發現所歸還的太公夫婦骸骨，骨頭過大，不像先人原來身材，認為其中恐有詐，但又奈何不了對方，不敢拒收不拜，只得在原墓處埋下兩副金牌（寫有先人名字），而在欖口後山立一無碑墓，安葬兩副骸骨，每年定下祭日，於上午先拜無碑墓，繼之中午再到衣冠塚參拜，而為了讓子孫明瞭事件經過，更在族譜和墓志銘詳記因由。

軼聞五：圍魏救趙

　　百多年前，廈村鄉與沙江圍不和，沙江圍雖然人人好武，但因寡不敵眾，遂向達德約求援，但因陸路遭廈村鄉眾村阻隔，馳援不易，達德約遂「動約」，組織約內鄉民在內海淺水區建一泥壆，由屏山聚星樓直通沙江圍，以行動表明立場，阻嚇對方出手。

十四世祖屏彥公諱懷義
字念由號霄羽乃儒官南
屏公少子生於嘉靖己丑
年三月初六日終於萬曆
丁未年五月廿一日與儒
人文氏子枝蓋同穴因骸
骨曾被盜去難後送回實
難分真偽復以金牌二副
仍葬舊宋天墅十碑記故
特序明

屏山霄羽房家長建國偕眾子孫同敬立
鄒九　　福永

甲申（二零零四）年十月吉旦重修

▲ 屏山鄧霄羽墓並無主碑，卻另安有一石碑，記下骸骨遭盜之憾事。

族譜以小見大有料到

　　落鄉臨場考察，能得見村民珍藏的族譜，乃是研究者的福氣，因欲了解一地的風土民情，相比於一般大部頭的歷史書，地方史志和族譜更幫得上忙，尤其是族譜所藏的絲絲訊息，往往能以小見大，讓人撥開雲霧，其功用絕非只是區區世系記錄的簡單！

　　族譜是記錄一個宗族世系和事蹟的專書，其名稱另有家譜、宗譜、房譜、支譜、統譜等等，以其牽涉的範圍大小而區分。新界宗族無論圍頭或客家大都藏有族譜，只是多秘而不宣。在上世

▲ 元朗白沙村／打鼓嶺鳳凰湖村易氏 2020 年重修族譜後，族人攜同新譜拜祭開基祖墓，從中可見族譜於鄉民的特殊意義，亦顯示其於研究地方史的重要。

紀六十年代，羅香林教授研究本地族譜，便寫了多篇新界論文。及後在七八十年代，蕭國健教授也寫過很多文章，力陳族譜於補充地方史不足的功用，例如影響香港巨大的康熙遷海，其細節詳情在很多族譜便都有觸及，但這些「細眉細眼」材料都不易見於官修史冊。

新界的族譜相較在中原或江南氏族所見的，體例和內容都較為精約，通常只有序、姓氏源流、先世考和世系表等幾個章節，其名雖為族譜，實以家譜為多，製作上也鮮見雕版刻印，多為線裝手抄本。

其實，族譜內容的多寡是很富彈性的，端視乎持有者的「收風」能力、學養識見和個人興趣。筆者接觸過一條一姓村，三房人的族譜內容便相差頗遠，其最厚的一部，因持譜人的先世是一名中醫，他與村民看病，往往閒話家常，從中獲知了不少族中掌故，如此日積月累，其手上的族譜便滿載了鄉間軼事和風俗傳聞，為別譜所無。

又如筆者認識的一位父老，由於他的先世熱衷於堪輿風水，故家傳的族譜便特別多有關祖先墳塋如碑文、風水判語和墓圖等記載。莫

▲ 1989 年《粉嶺彭氏桂公祖系族譜》
封面，此譜在 2020 年續修。

以為風水圖牽涉入迷信之事，毫不足觀，事實上那些手繪地圖全是第一手材料，內裏除了畫有古地貌，還記下很多舊地名，這一切對研究古代新界都是極有用的原始文獻。除此之外，有些族譜還包含一些鄉內的對聯詩詞、祭祀祝文、各式公文及酬酢文章，甚至打醮記錄等等，內容可以是非常豐富，但當然，這類百科全書式的族譜是較為罕見的。

昔時新界讀書人少，理論上家家戶戶都應抄錄的族譜，多只能由少數知識分子擁有，流傳早已不廣，而在上世紀淪陷期間，這些珍貴文獻更遭遇一場浩劫。事緣很多鄉人因慮及村內奸細告發，怕日本兵按譜捉人，便紛紛燒毀族譜避禍。像蓮花地鄧氏的族譜便因此而毀，又據聞新田的竹園周氏，手上原有一部記載了他們香港五房人的孤譜（竹園周氏是長房），但也是為了躲避漢奸，持譜人將其深埋荒野，結果復員後卻找不回藏處，孤本從此消失，實在叫人萬分遺憾，而這也許只是無數個案中的一處。

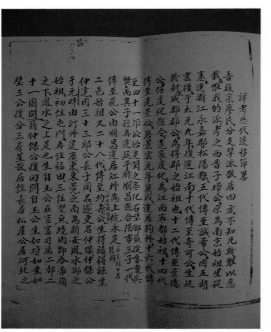

▲ 上水《鳳溪廖氏家譜》（1929）書首的《詳考歷代遷移節略》篇

尤幸近年新界氏族突掀起一片修譜風，算一算，深井傅氏、上水廖氏、孟公屋成氏、粉嶺彭氏、元朗白沙村／打鼓嶺鳳凰湖村易氏、廈村鄧氏（洪惠房子厚祖）、新田文氏和屏山鄧氏等宗族都費了大氣力修譜，成績美滿，這對新界的歷史文化而言，實屬可喜之象！在下建議，若可能的話，各譜宜選贈不同大學收藏，給研究本地史的學者更多方便門徑學習。

▼ 錦田鄧族父老在族長率領下，接收一部精製線裝的《錦田鄧氏族譜》，儀式隆重。

新會朱立大仙與大澳朱大仙

大嶼山大澳近一世紀以來流傳着一種罕見的信仰——朱大仙，這神靈乃來自平海龍泉庵，但因該庵業已面目全非，加上無文獻記載，以致大仙的身世一直成謎；而亦因如此，至今仍無法考證另一個引申出來的問題，就是朱大仙是否深水埗武帝廟中所祀的朱立大仙？

有此想法，當然是因為兩者名稱相近之故。朱大仙者，身份神秘，目前全香港只得大嶼山的大澳龍巖寺是公開奉祀，其餘多是私人參拜。至於朱立則是新會的民間神靈，因傳他是得道飛升，故鄉民便稱之為大仙。香港祀有朱立大仙的廟宇，計有深水埗武帝廟、深水埗天后廟（只見神龕不見神像）、仁楓洞佛道社、法蘭雲若和迓靈洞佛堂等處，數量遠超朱大仙，想是香港四邑人較多之故。另外廣東新會鄉郊有一間雲峰寺，相傳乃是朱立大仙的祖庭。

那間雲峰寺位於新會和台山交界的羅坑鎮牛灣六堡村雲峰山下，有言早年內藏的神像便是朱立真身。

當地相傳，朱立是童子仙人，乃是牛灣六堡朱山村人（馬崗山）。其生卒時間有兩個說法，但相差頗大，一是寺內碑記《雲峰寺序言》所載，大仙生於宋真宗癸亥年（1023）二月廿六日

▲ 龍岩寺朱大仙像

▲ 深水埗武帝廟朱立大仙像

▲ 法蘭雲若的朱立大仙像

（按：癸亥年實宋仁宗天聖元年。），終於甲戌年（1035）五月初五午時，生年十二。但在 1947 年發行的《雲峰寺重修紀念刊》中，卻記他是生於紹定元年（1228）辰時，死於淳祐三年（1243）五月初五申時，得年十五。

《雲峰寺序言》指大仙在七歲時父母雙亡，幸得伯父收養，及後在馬山放牛時意外遇難身故，人們便就地安葬他，但很快因鄉人認為馬山風水差，不合神靈久居，便想在對面的雲峰山建廟。該處原屬台山沙涌伍氏的祖地，適逢清明時節，鄉民便在沙涌伍氏到來掃墓時，與之協商交換土地，居然順利成事（按：相傳是朱立顯靈讓伍氏尋獲一處媲美凌貴興【七星伴月】即發地的龍穴，所以事成。何人凌貴興？不就是相傳於清雍正年間，害得梁天來一家七屍八命的主兇。），於是鄉人便在宋真宗丙子年（1036）建了雲峰寺。然而據《雲峰寺重修紀念刊》則說，該寺本叫朱仙堂，後來改稱朱仙菴，一直到清乾隆五十八年（1793）擴建時，才由主事僧人慧彬改名為雲峰寺。

雲峰寺由宋至近代曾重修或擴建共八次之多，本來很具規模，但遺憾的是在文化大革命期間，幾被夷為平地，就連相傳是朱立真身的神像也被毀掉，僅保留了一張朱立大仙的畫像照片，以及四根石門柱，及後要到 1986 年才得到外地華僑、港澳居民和鄉親的捐資重建，但經歷如此大劫，雲峰寺的盛名已江河日下，只剩下一位和尚打理，其墟冚熱鬧無復往時！

▲ 雲峰寺朱立大仙像（按：是 1986 年據舊相新塑的）

雜篇（三）

187

朱立大仙在地方上是以求夢必應著名，可稱為夢兆之神，筆者在寺內發現有一尊報夢童子像，想必是因此而來。有傳清末榜眼朱汝珍上京赴考前，便曾與朋友到雲峰寺過夜打地鋪，以求夢示。朱汝珍初時不信，後來考中第二，回想起在寺中酣睡，夢見自己回到孩提時代，正綁起雙眼跟小童玩捉迷藏，那「綁眼」諧音正是「榜眼」，嘆謂朱立大仙確是靈驗非凡，難怪遠近馳名。

在上世紀六十年代初，香港曾出現過一些朱立大仙的靈驗新聞。那時香港有一份叫《靈乩馬經》的馬報，每期都會扶乩賽馬貼士，其中便有由梁信祥侍乩的〈朱立仙偈語〉專欄，份外矚目，可知朱立大仙的預言本事，對老一輩的香港人是頗有名聲的。

回說朱立跟朱大仙最相近的地方，除了在名稱，還在於兩者並非僧人或菩薩，卻同樣受祀於佛寺中，從中可見民間俗神的包容特質。至於兩者最明顯的差異，就是神像的造形。那龍巖寺的朱大仙、以及一般信眾在家裏供奉的小神像，全都是留有長鬚作成人打扮，但朱立大仙在雲峰寺或香港諸廟的造像，都忠於地方掌故，均是清一色臉白無鬚的童子或青年。

由於兩仙有以上的相同和差異處，當下實難證實兩者是否同一神祇，看來關鍵是要找出雲峰寺和龍泉庵之間有冇法緣關係，也許筆者當日臨場，理應效法朱太史在廟中睡上一覺，如此或能一清二楚了！（一笑）

大澳龍巖寺與平海龍泉庵

筆者在 2016 年到新會考察朱立大仙的史蹟，發覺跟港澳流傳的朱大仙傳說頗有出入，翌年遂再接再厲，到惠東縣追尋大澳龍巖寺祖庭——龍泉庵的所在，冀多了解朱大仙信仰的來歷，因龍巖寺是香港朱大仙信仰的基地，但自從內地封關數十年，中港消息斷絕，近人就連龍泉庵位置亦不知曉，而在 2017 年 4 月，筆者終能親臨這座傳聞中的廟宇，了解實況！

目前記載大澳龍巖寺歷史的最早文獻，可知的是成書於 1958 年的《大嶼山誌》。書中言該寺位於大澳坑尾村獅山尾，創建於 1929 年，是彭師傅、黃修凡、鍾復珍及萬壽姑等四人發起建廟，並由平海龍泉寺分香而來。

書中所言的「龍泉寺」，在龍巖寺信眾口中一般稱為「龍泉庵」。筆者多年前到龍巖寺考察，雖發覺其中的差異，但其時誤以為信眾之言當不及書本可信，一字之差，也生不了大問題，遂未多加注意，故筆者在 2007 年初次上平海鎮追尋朱大仙信仰起源時，目標只放在以「龍泉」為名的寺院，結果找來兩間，一間是在縣城附近的龍泉古剎，另一間則是在北埔村的龍泉寺，但因兩處都毫無發現，故筆者一度以為朱大仙信仰早因文革而給連根拔起，誰知卻只猜對了一半。

原來平海鎮果真有一間龍泉庵，只是那庵堂深藏郊區山中，故除了當地人，鮮有外人知悉。又因信眾多是蜑家人，把「泉」讀成「船」音，弄致不少文史工作者或記者都誤記該庵為「龍船庵」，以至古廟險遭世人遺忘。

　　筆者手上有一本 1992 年出版的特刊《平海》，為當地政府編印的地方風物誌，內有《龍船庵》條，言該庵又名獅巖寺，位於城西郊 15 公里鷯鴣山頂，始建於明建文年間（1399-1402），依附天然石窟擴建而成，清道光年間曾重修云云。

▼ 獅巖寺現貌。圖右的石窟已有數百年的歷史。

▲「龍泉」一名出於這個井中井

　　由深圳到獅巖寺只需兩個多小時的車程，寺坐北向南，位處高山上，遠朝大海，今建有三寶大殿、禪房宿舍、飯堂與祖堂各一。在沒有車路直達的日子，村民都是踏長麻石條路登山拜神，如今車路直開到寺門前，舊日石級不少已生滿野草。論寺的規模，獅巖寺只是中型規模，惟中間有一巨大的連環井，井中有井，構思獨特，實頗具名勝之佳妙。小井安有井神龕，左右石聯曰：「玉液山前滴、清泉石上流」，上橫批「巖泉」二字，想是龍泉庵一名的出處。

　　在大殿廣場左側山邊有一兩層高三合土建築，今為禪房宿舍所在，平平無奇，其前身即龍泉庵，在 1999 年改建成現貌。今有一「樂捐巨款功德無量重修龍泉庵水鹿樓捐款芳名」雲石碑鑲嵌在外牆，可資證明。

龍巖寺源出龍泉庵，除了有古井巖泉和捐款石碑為證，另有三處證據：一是祖堂內公仍存有萬壽姑的繪像（按：大澳龍巖寺祖堂橫樑也掛有她的肖像）和一塊刻有龍泉庵與獅巖寺名字並列的龍牌。

其二，是寺的對面山坡有一大片荔枝林，其實是一處葬區，葬的除了有附近村民，還有庵寺的出家人，故碑上多刻有「獅巖寺」之名，但兩塊分別是 1948 和 1964 年的墓碑，卻刻有「龍泉庵」三字，而在 1964 年沙彌尼（按：即初階的女性入門出家者）隆仁的墓穴，其名字也見於祖堂的龍牌中，乃是龍泉庵的三十世弟子。

其三，山腳的老村民仍記得昔年有奉朱大仙，就連神像放在何處亦能清楚憶述，只可惜眾人都無法說出其身世來歷。

獅巖寺現住持是光懷師傅，他雖三十出頭，來寺也不過數年，卻很有抱負，他為了恢復昔日龍泉庵的面貌，正打算從大澳迎回朱大仙香火，無拘道佛世俗，好續回失去的傳統。

在回程中，筆者突然想起，「龍泉」和「獅巖」各取一字合併，不就是「龍巖」二字嗎？原來萬壽姑等四人籌建寺廟，寺名早就暗藏來歷，這回若非筆者臨場一遭，身歷其境而有所觸發，又豈能得此頓悟？破譯玄機！感覺實在奇妙！

▲ 刻有龍泉庵與獅巖寺名字並列的龍牌

▲ 1964 年刻有「龍泉庵」一名的沙彌尼隆仁墓碑

一文盡覽長洲的節慶風俗

　　長洲是一個面積約 2.3 平方公里的海島，人口約有三萬多。早在清雍正年間（1723-1735），長洲已有漁民出沒做買賣，而最遲在乾隆廿八年（1763）便有人在島上建舖營商，在嘉慶廿五年（1820）修的《新安縣志》中，「長洲墟」之名已赫然紙上。

　　既是墟市，復為漁港的長洲，民風淳樸，生活穩定，加上地理環境的阻隔，少受外來的文化衝擊，故中國的節慶風俗在今日島上仍廣受歡迎和重視，若以「節、醮、誕」三大分類來看，島上每年較具規模的傳統節慶活動便有如下（依時間序）：

農曆正月的春節——主要是正月十五的元宵節

農曆二、三月間的清明節

農曆三月初三的北帝誕

農曆三月十八的西灣天后誕（＊天后誕原是農曆三月廿三）

農曆四月初六至初八的太平清醮

農曆五月初五的端午節

農曆六月廿四的關帝誕

農曆七月十五的盂蘭節

農曆八月十五的中秋節

農曆九月初九的重陽節

「節」即節日，是古人依據氣象、耕種或原始崇拜等因素而創造出來的特別日子。長洲人一般較重視元宵、清明、端午、盂蘭、中秋和重陽等節日，而當中的元宵節、端午節和盂蘭節因有大型慶祝活動，所以更見熱鬧。

長洲雖然沒有如新界的大型鄉村或氏族，但在正月十五的元宵節，不少地方仍保留了慶燈風俗，部份更會在戶外

▲ 長洲居民喜歡買魚形糕餅拜神賀元宵，代表年年有餘（魚）。

▼ 長洲惠潮府賀元宵節的燈棚

搭燈棚，只不過代之而起是由街坊會和同鄉會主辦，而非由宗族承擔，如北社街坊會、新興街街坊會、中興街街坊會、惠潮府、寶安公所（鎮安社）和東莞會所等。在元宵日拜神，長洲居民都喜歡購買一對對的魚形糕餅（代表「有餘」）或寫上一些吉祥字句如「四季平安」、「龍馬精神」的白餅供神，這些都是市區及新界所鮮見的。

端午節是長洲水上人的年中大事，扒龍舟則是他們慶祝節日的重點。

龍舟競渡的出現，在中國已超過二千二百多年，而長洲人扒龍船也有悠久的歷史，當地有一個「平安堂」的組織，由三個上百年的龍舟會——福緣龍、合意龍和善慶龍組成，如今他們仍保留在端午前，扒龍舟載着北帝爺行身（按：各龍船會均有自家的小北帝像，平日供奉在玉虛宮中，扒龍舟時才由廟中請出上船受拜）祭海三日的傳統。三條船每次繞避風塘一圈，沿途在多個海上位置燒衣，以祈求神靈保佑賽事可順利完成。

農曆七月十五的盂蘭節（鬼節）是另一個長洲人頗重視的節日，除了家家戶戶燒衣，月中更有兩個盂蘭法會——一個是由水上人主辦，另一個則由「惠潮府」（潮汕人士為主）主理。水上人辦的「水陸居民盂蘭勝會」為期兩日，時間較長，儀式也較多。在第二日的下午，他們會將那個十多尺高的大士王移到一艘大船，跟着搭載喃嘸先生齊齊出海做水幽，當船隻駛經 1971 年

第一手民俗——新界的傳統與掌故

▲ 平安堂三大古龍船之一的善慶龍請北帝爺出行祭海

▼ 平安堂三條百年大龍，分別是福緣龍（橙旗）、
合意龍（綠旗）和善慶龍（黑旗）

▲ 長洲水陸盂蘭勝會請大士王坐　　　▲ 喃嘸先生隨船出發在船倉誦經。年長者為黃志道長。
　船出海濟幽

佛山輪沉沒的海面時，法會的辦事人便會放下數隻精製的紙幽船
到海中，象徵讓幽魂乘坐仙船轉世超升。（按：這些紙船十多年
來都由擁有佛山輪的信德船務付鈔訂製，但 2022 年卻不知因何
停了？結果由多年來為法會做事的喃嘸黃志師傅自掏腰包找數，
叫人佩服。）

　　「醮」是道教一種為社區祈福的法會，由於虛耗人力物力
不菲，地方打醮都有周期性，目前全港的記錄是由六十年至一
年一次不等，長洲則每年都在農曆四月初六至初八舉辦太平清
醮，如此頻密打醮，這在香港是較特殊的，而這個醮會最少已有
一百三十多年的歷史。

　　長洲太平清醮的最大特色，是在於由島上的福佬人（海陸

第一手民俗——新界的傳統與掌故

豐、汕尾等地的人）創辦，故一直沿用福佬的宗教模式舉行──經師是福佬喃嘸，行的是海陸豐民間的正一科儀。另外，場中的三座大型紙紮公仔（鬼王、土地、山神）和三座大型幽包山都是海陸豐等地醮會的流行做法，而這些在香港都不常見，堪稱孤例。早期的長洲太平清醮本只有福佬人參與，但百多年後的今日，它已發展成為一個包容各個語言族群的全（島）民活動。

在正醮日（農曆四月初八），長洲居民會一如別些鄉村醮會般，集合人手，巡遊全境一周，稱之為「行香」，以示神靈巡察四方，保佑平安。長洲的繞境巡遊因早年加入了「飄色」項目，特色出色，逐漸成為香港的旅遊「名勝」，歷年都吸引很多遊客慕名登島觀看。（按：2006 年石澳打醮亦有飄色行香，但陣容遠遜。）

▲ 長洲太平清醮採用的宗教儀式是福佬（海陸豐）的模式

▲ 長洲太平清醮中安有三座紙紮神像是海陸豐民間流行的做法

▲ 西灣天后誕是長洲最旺盛的神誕之一

　　神誕即神靈的生日或紀念日，這是由於人類將自己的生活經驗投射到神靈身上，所以神靈也有誕生之日，加上不少神靈是真有其人，而為表尊崇，信眾便會在這些日子舉行祭祀，亦即賀誕。

　　長洲的神誕跟島上的廟宇關係密切，今島上有八大神廟，分別供奉天后、北帝、洪聖、關帝和觀音等神祇，每逢神誕，這些廟宇都有不少善信參神，部份更會上演神功戲。（按：可參考筆者著的《長洲廟宇實錄》，由長洲鄉事委員會出版，可網上免費下載 PDF。）

　　由於長洲是個海島，故島上的天后廟亦最多，一共有四間，當中最古老的是北社天后古廟，其建成不晚於乾隆三十二年（1767）。但數全島最旺的天后廟，卻是約建於乾隆三十九年

▲ 長洲居民晚上到西灣觀看天后誕神功戲

◀ 長洲人賀北帝誕是
全港最大型的北帝
誕廟會

（1774）的西灣天后宮，每年神誕，港九有近百個大小不一的花炮會到來賀誕，乃離島之冠。西灣是全港每年最早祝賀天后誕的地方，在農曆三月十五即起鑼鼓做神功戲，直至十九日止，期間以十八日為「正誕」，而大部份的花炮會都在這一天到賀。

不過，若論長洲的祭祀中心地位，則非建於乾隆四十八年（1783）的長洲玉虛宮莫屬。玉虛宮是供奉北帝的廟宇，據稱長洲在乾隆四十二年（1777）疫症肆虐，為此，島上的福佬漁民便回到鄉下的陸豐玄山寺，恭迎「玄山佛祖」（北帝）南來鎮壓疫症，及後果然見效，於是鄉紳林煜武便帶領惠籍居民（按：海、陸豐昔日歸惠州府管）集資建成玉虛宮，為神靈構建永久居所。由於北帝廟在長洲人的心目中地位崇高，每年農曆三月初三北帝誕的期間，也會公演神功戲，香港市區雖然也有幾間著名的北帝廟，但做起誕來都不及離島的這一間熱鬧。

長洲的節慶活動豐富多彩，保留下不少舊傳統，部份更超越百年歷史。也許長洲居民對以上的節慶活動都視作生活平常，從不知道他們所做的，對整個香港文化而言，實在是一份非常寶貴的禮物。

一個如此細小的地方居然有此能耐，除了佩服，也實在很值得香港人去珍惜和支持。

▲ 在北帝誕期間上演神功戲

新界鬼節法會雅俗並存少制約

在香港，鬼節法會雖是全港性的活動，但市區和新界所呈現的面貌頗不同。新界坊間壇場的特色是分散和細小，但因制約較鬆，民間法會的活力尤能發揮，加上區內有不少大型宗教場所，佛道法會皆見莊嚴氣象，如此互為彰顯，頗具雅俗並存之景貌。

新界原居民並沒有在農曆七月做法會的傳統，但自上世紀五十年代以後，由於很多耕地都租與外來人種菜種花或開豬場雞場，遂滲入了不少別鄉文化，其中最明顯者就是鬼節法會，例如打鼓嶺嚦囉樓、虎地坳、八鄉花興聯勁社、大江埔、麒麟山、十四鄉大洞、榕樹灣和小磡等處。這些法會的潮汕文化極濃，因不少佃農都是由內地來港的潮汕人士。

香港最具代表性的大型道觀和佛寺都集中在新界和離島，道觀如蓬瀛仙館、青松觀、圓玄學院、雲泉仙館等，該等宮觀法會以全真科儀為主，佈置堂皇恢宏，易招城市人好感。佛寺則有西方寺、寶蓮寺、觀宗寺等，主要是由外江和尚誦經，昔日以做廣東釋家為主的寶蓮寺，因外江師傅的大增，近年已難聞廣東經了。以上的寺觀，由於不少附設有骨灰龕（按：特別是道觀），故每逢鬼節法會，孝子賢孫擠滿壇場，插針難入，足見七月鬼節是繼清明重陽以外，中國人第三個最重要的思親節。

▲ 八鄉花興聯勁社盂蘭勝會由一群潮汕籍的花農主辦

▼ 新界全真道觀的中元法會陣容頗盛

新界區仍有很多鄉村設有孝思堂或思親亭，以便鄉民打齋之用，這些建築因遠離人煙，不怕遭人投訴噪音或空氣污染，所以法事也較能依足傳統，進行至夜深，鮮有如市區法會般常遭人滋擾投訴。但由於這些地方一般較僻，普通人難達，故並非每處都會有人舉辦鬼節法會，目前最熱門的是上水港鐵站附近的孝思堂，農曆七月的多個星期六日都有喃嘸師傅租用，超渡先靈餓鬼，這也是市區所難找到的理想法會場所；西貢的懷親亭也是近年出租做盂蘭的熱門場所。為了響應環保的潮流，年來有喃嘸師傅以可循環再用的靈牌代替紙紮龍牌，每次只須插入寫有先人名字的紙張，用時拔出即可，個人深以為是一項值得推廣的雙贏做法。

盂蘭勝會在新界民間，除了有潮式佛教法會，正一派也是常見的宗教模式，像西貢墟、沙嶺竹園村、流浮山、馬灣、坪洲、長洲、逢吉鄉和軍地便都聘用喃嘸先生。正一喃嘸主理的法會，不少都有「破地獄、跳火盆」這些驚險環節，意謂助先人陰靈跳出地獄火海。現今在靈堂打齋，一般師傅只跳一次「火盆」就要收手，因殯儀館怕大量濃煙污染冷氣系統，令靈堂滲出異味，遭人投訴。但在戶外場地，就不用有此顧慮，特別是在郊區，像2017年首辦的古洞盂蘭法會，有喃嘸師傅便來回跨了近二十次火海，且每回都是提着先人龍位「硬闖」火燄山，絕無從側邊繞過的偷雞取巧，其專業精神實在難得，當然這也需要有客觀環境

▲ 上水孝思堂的法會

▲ 2017 年逢吉鄉四村中元法會破地獄。在空曠地方，喃嘸師傅更易發揮真本領。（梁偉康攝）

的配合，方可施為，真可謂功德無量！

最後，由於地方空曠，不怕給人投訴嘈音，新界的法會一般都可以依足傳統程序施行，最典型的例子就是過子時才化大士王或謝天地，不用如市區的法會般，在一些康文署管理的球場辦法會，未到晚上十時就要趕着送神送袍上天，完全違背了傳統的宗教倫理。

▲ 荒山野嶺，鄉民可以盡情化衣給孤魂野鬼而不用擔驚受怕被投訴。

三年疫災下的節醮誕慶

過去三年（2020-2022），疫情反覆，市道固然差，新界的民俗活動亦烏雲蓋頂，節醮誕慶可取消的取消，能精簡的精簡，出現自日寇侵華以來，前所未見的亂象，面對如此大時代，汰弱留強雖屬自然，但轉數快的港人又豈會坐以待斃，眼睜睜看着熟悉的風俗傳統一下子熄滅？

疫症下最深受打擊的民俗活動，首推是神誕。平時大陣仗的廟會，諸如天后誕、洪聖誕、北帝誕、觀音誕等都一律偃旗息鼓，

▼ 大澳漁民以驚人的魄力和決心，在疫症和颱風雙重威脅下，完成了 2022 年的楊侯誕神功戲。相中的戲棚花牌千瘡百孔，是八號巨風所造成。

▲ 東涌侯王誕是 2022 年疫症下仍做大戲的地方之一

齊齊低調度過了三年「生日」。然而意外的是 2022 年的大澳楊
侯誕居然能在疫情稍歇的瞬間，不足一個月的時間，就可以搭棚
公演粵劇，其間雖遇上大風暴，棚邊花牌幾遭吹翻，但辦事人仍
一往無前，信心十足，這簡直就是一場人定勝天的意志之戰！之
後的東涌侯王誕亦如期在農曆八月上演大戲，其間大會雖然戰戰
兢兢，滿心忐忑，但幸好最後輕舟已過萬重山，那層厚厚的大氣
壓力，一眾負責人總算是捱過了。

醮也是重災區，2022 年的高流灣七年一醮被推遲一年。洋涌十年一醮，請了喃嘸先生也突然叫停。至於蓮花地五年一醮，則停演大戲，而同是五年一醮的大埔七約，本打算大手慶賀創市 130 年，最終亦只得閉門做醮，以避時疫。

那過節又如何？鄉村人十分重視重陽節，但不少宗族都停辦了偏遠的墓祭。錦田鄧族也深受影響，因為疫症猖獗，他們已三年沒有公祭十五世祖洪儀公（即著名的【荷葉跋龜】）及上代之大太公，代之的是安排適量子孫前往秋祭，簡單的組合包括辦祭（安排祭品之人）、主祭、禮生、執事共四人，總算是禮數依舊，儀式未減，但場面就難免有點冷清了。至於回內地省墓，因他們在東莞有多處大太公墓地，昔日本安排專車接送宗親往祭，例如八世祖皇姑的【獅子滾球】、九世祖梓公、十世祖榮叟公及十一世祖辛翁公三穴相連的【金錢落地】等，如今就只得電請東莞宗親代辦（拜山後拍短片相告），至於七世祖元亮公之墓穴【漁翁撒網】，因位於寶山，地勢陡斜，他們為恐宗親有危險，就惟有無奈暫停了。

最後是有關慶祝的活動，婚禮喜宴是首當其衝的，在村內擺盆菜宴已絕跡多時，因為主人家就算夠膽擺，都冇客人會到。筆者近日巡村，「視察業務」，見有橫洲東頭圍路口豎起了個牡丹紅色的新婚花牌，相當醒目罕見，想是村民靜極思動，反正擺不成盆菜喜宴，變下招數，花點錢做個花牌，等大家高興下，亦未

嘗不是一件爽事。

　　錦田的朋友相告，他們近日找回 1945 年建醮的丁口冊，故相信在戰後的艱苦時期，他們仍有打醮，以信守先祖對報謝周王二公恩情之承諾。鑑古「思」今，這道銳氣我深信在目前的新界仍廣有流傳，鄉人的見招拆招就是最佳的明證！

後記

　　香港三年疫封在 2022 年 12 月底突然解除，並於 2023 年 1 月 8 日全面通關內地。消息一傳開，已停了做戲幾十年的古洞村，便率先宣佈在農曆二月十九觀音誕期間重做神功戲，為民俗復常吹響第一聲號角！但蠢蠢欲動的又何止古洞一處？汀角、西貢墟和大澳三地鄉民見時機乍臨，竟馬上趕搭戲棚，簽訂戲班，齊齊照舊復常在農曆年公演粵劇（按：大埔汀角村關帝寶誕（正月十一至十三）、西貢街坊賀元宵（正月十四至十六）和大澳土地誕（正月十八至廿二），搶先慶祝一番，從中可知，人們對恢復正常的民俗活動，是何等的熱切！（按：市區鴨脷洲在農曆二月十三的洪聖誕，也趕及做大戲，兼印刷了一部精美的特刊派發。）

　　然而這次疫情究竟對本地民俗活動的打擊有多大多深，這實在尚要多點時間去觀察。嘿嘿！也是休息夠了，臨場的日子又再降臨！

▲ 在圍村路口的新婚花牌，醒目非凡。

▲ 錦田鄧族祭祖，取消公祭，只以簡單人手組合負責。（錦田鄉事委員會提供）

後記

本篇雖稱後記，其實寫的是思念，是緬懷多位去世的長輩和父老，他們都是筆者下鄉臨場的守護者，本書的素材不少都是多得他們的穿針引線，方能成事。如今我把舊文章輯錄成書，睹「文」思賢，是要向以下諸位再衷心說一聲多謝、感激！

他們是圍頭喃嘸梁仲師傅、蓮花地郭鎮邦前村長、西貢墟的徐月清女士（清姐）、屏山坑尾村的鄧順發先生（發叔）、粉嶺圍的彭英才先生（英才叔）、上水圍的廖水桂先生（桂叔）、衙前圍踎前村的吳佛全先生（佛全叔）、厦村新圍的鄧季良先生（尾叔）、龍躍頭新屋村的鄧作寧先生（寧叔〔圍頭話讀成能叔〕）和坪洋天后廟前廟祝陳慧強女士（強姐）。

以上各位，有的我幸運地能送他們最後一程，甚至隨行上山安葬，但有的因事出突然，加上自己生病臥床，又接上疫情，少了聯絡，最終只得緣慳一面。

得人因果，一條九龍仔盲舂舂跑入新界圍村，完全由零開始，卻每每逢凶化吉，若不是得此緣份，有他們這些活在民俗前線的人物年復年的熱心相助和無償指導，我這個魯鈍之人，何能在無靠山、無資金的支持下，累積了那許多無書可靠、無文獻憑藉的在地知識？

梁仲師傅不單是喃嘸，也是儀式專家，乃新界圍頭各式祭祀科儀的權威之一，鄉村太平清醮的資料我詢之甚多。他臉冷心熱，不認識他的人覺得他很霸氣，外表叫人卻步，但其實他古道熱腸，十分願意幫助後學。這方面，只要看看一群長年接觸梁師傅的民俗愛好者，能在師傅逝世後短短三個星期即眾籌製成了一本三十多頁的紀念特刊，圖文並茂，便可見一斑。

蓮花地是八鄉古老大村，當年我「闖」村問俗，如盲頭烏蠅，幸得友人介紹郭村長給我認識，他提及的八鄉歷史掌故，不見書本記載，單是「八鄉四本戲」一事，已考起不少當地人，如今我教的鄉村民俗興趣班，有八鄉一課，資料便多來自郭村長口授。

清姐是旅行家陳溢晃前輩介紹我認識的，其實我早已是她的書迷，因她是東江縱隊香港獨立大隊史的權威，她知我有興趣追尋大隊歷史，曾讓我隨她北上惠陽，尋找烈士孤墳，那趟經歷實在難忘。清姐除了寫了多本東縱遊擊隊的書，她也諳熟客家文化，因她是地道的西貢客家人，對西貢和沙田的客家村掌故，如數家珍，這方面我當然得益不少。我認識清姐的時候，她剛好鑽研一個新題目—— 新界竹枝詞，她推薦我去看民初人許永慶老師的作品，並用客家話讀給我聽（遺憾當時沒有錄音），以及講解不同版本的差別，讓我茅塞頓開，也是多得她的介紹，我上課講授的沙田地方民俗，就是借用了許永慶老師的作品。

發叔是屏山坑頭村的前村長，在鄧氏宗祠外開了一檔傳統零

食檔，深受遊客歡迎，不少記者都訪問過他。若每條圍村都有一本人肉歷史辭典，那屏山鄧氏的其中一本，就必定是發叔。我曾寫了兩篇有關毛家三虎（衙前三虎）和洪水橋慘殺傳說的文章，線索就是得自發叔。他後來還帶我到了一座外形平凡的金塔屋仔，告訴我內裏放的就是毛家的人，原來是他很久之前處理祖墓時偶然發現的，其瓦蓋內寫有毛姓先人名字（失記），已失祭多時，後因惻隱之心，他才造了這間金塔屋擺放。

每年粉嶺彭氏打太平洪朝和農曆九月秋祭山頭時，便是我跟英才叔攀談的良機。他在我眼中，就是一部彭氏風俗掌故的大字典，份量一如發叔。我最喜歡偷拍他「監場」喃嘸先生在正月十五晚上唱麻歌的投入表情。田仲一成教授的著作曾詳細記載唱麻歌一事，遺憾地在我懂得臨場之時，這種風俗已名存實亡，還慶幸遇上了英才叔，才有機會領略那一點點舊時風味。疫症期間，自她久病的妻子去世後，他未幾亦與世長辭了，只是那時我也自顧不暇，未能親身送別他！

桂叔是個很低調的鄉下人，他是上水圍明德堂的子孫，一口圍頭話，有時跟他談話，聽得有點吃力，但由於他一生都未出過洋或到過市區工作，所以對上水圍的演變非常熟悉，特別是廖氏主要的風水山地掌故，他都知得一清二楚。另外，他還會唱很多圍頭山歌，我那一點點粗淺的山歌知識，就是從他嘹亮的歌聲中得來。

佛全叔不算是新界人，他在衙前圍前面一條已消失的小村──「踎前」出生，但由於親戚不少是沙田客家人，故他又深諳當地客家文化。由於他長年在九龍城和竹園生活，目睹了該區近世紀天翻地覆、改頭換面的巨大變化，雖然本書說的都是新界事物，但他日若筆者寫及九龍城和黃大仙的掌故，那一定少不了佛全叔所提供的珍貴材料──特別是他那些親手繪的地圖。

尾叔是厦村新圍的父老，退休後熱心參與祖堂拜山和元宵開燈等家族事務，更常常落場做禮生。尾叔有一優點，就是他的解說能力超強，所以常常成為傳媒或大學的訪問對象，如今上 You-Tube，也經常可見到他的片段。尾叔生前常提醒我，說我若有文章刊登，記得送他看看，這個我算是能做到了，也為此，他讚過我一次，卻同時埋怨很多人問他取資料後，鮮會主動交代結果，不少都是一做完功課就去如黃鶴。為此，我一直都引以為鑑──鄉民的相助不是必然的，千萬別把父老的熱情當成是理所當然的消費，有始而無終，父老雖沒明言，心下卻是洞然的。

提到寧叔，真是有點羞愧，因為直到他去世後，我才驚覺他的名字不是鄧作能，而是鄧作寧，這個烏龍真大，實在萬分過意不去！識得寧叔是 2003 年的事，那是龍躍頭打醮之年，他是醮務顧問，也為此我纏上了他。由於他住在新屋村，十分近路口，每當我到龍躍頭找資料，很自然便會順道到他那間在第一行的百年老屋搭訕，而他都是有問必答，逢答必中，感覺就如一棒頓悟

般的暢快，我的那一部龍躍頭人肉大字典就是寧叔。

　　強姐是個孤兒，她曾對我解釋為何名字這麼男性化，居然叫「慧強」，原來是她的師父兼養母希望她堅強活下去而改的。人如其名，強姐辦事確實很有男兒氣概，爽快果斷，否則也不易把間偌大的天后廟打理得井井有條，我的一點點廣東釋家知識，就是得自她的啟蒙。無奈我連續多年都沒到過坪洋天后廟，誰知待疫情稍弱後去找她，卻赫然在義祠神龕旁見到了她的靈龕，那開光留下的一點「紅」，依然鮮亮，方知她在數月前已逝，叫人錯愕神傷！據說，她是猝然離去，早上還在病床跟護士談笑，病情下午卻急轉直下！很感謝天后廟眾司理最後能讓強姐長奉廟內，相伴其師父和師祖，如此情義，叫人敬重。

　　回憶寫到這裏要擱筆了，在筆者年青時，有電視台前輩贈言，說闖蕩江湖，手上總要有幾部「字典」才穩妥安心，好方便隨時求教。這句話我上了心，故我一直在新界不同的鄉村尋覓這些「字典」，最終放滿了一架，只是年月的消逝，這些曾給我無限安全感的寶書，也不得不隨着大自然的變化，隨風散去。佇立在新界的山頭，我想起「孤狼」二字，「狼」我是裝不來的，唯獨那個「孤」字，卻實在已有一點感覺。

www.cosmosbooks.com.hk

書　　名	第一手民俗——新界的傳統與掌故
作　　者	周樹佳
責任編輯	吳惠芬
美術編輯	郭志民
照片提供	周樹佳
出　　版	天地圖書有限公司
	香港黃竹坑道46號新興工業大廈11樓（總寫字樓）
	電話：2528 3671　傳真：2865 2609
	香港灣仔莊士敦道30號地庫（門市部）
	電話：2865 0708　傳真：2861 1541
印　　刷	亨泰印刷有限公司
	香港柴灣利眾街德景工業大廈10字樓
	電話：2896 3687　傳真：2558 1902
發　　行	聯合新零售（香港）有限公司
	香港新界荃灣德士古道220-248號荃灣工業中心16樓
	電話：2150 2100　傳真：2407 3062
出版日期	2023年5月初版・香港